顾问：李学勤　罗哲文　俞伟超　曾宪通　彭卿云

# 动荡中的文明

中华文明是人类历史上最伟大的文明之一，是人类文明发展的主要构成。中华文明丰富、深刻、辉煌、博大，在人类文明中的骨干作用和领导作用为人所共知。在人类文明的发源时期，中华文明就是四大古文明之一，是地球上文化的策源地之一。

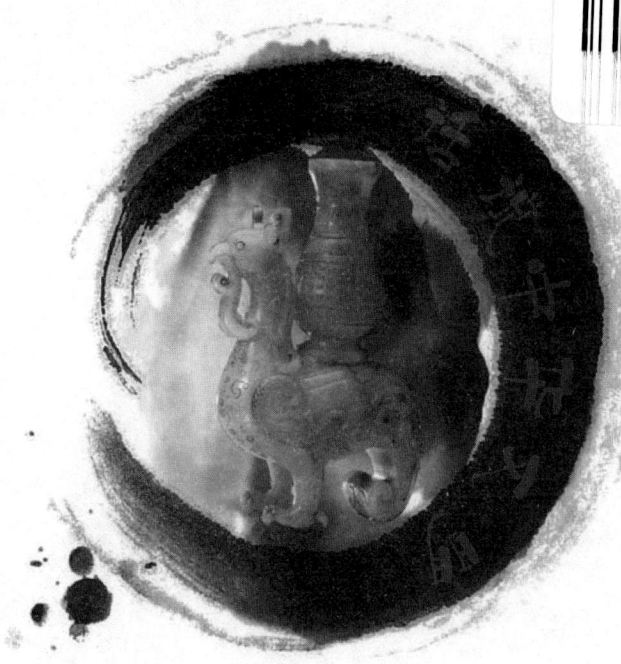

李　默 / 主编

**廣東旅游出版社**
GUANGDONG TRAVEL & TOURISM PRESS
悦读书・悦旅行・悦享人生

中国・广州

**图书在版编目（CIP）数据**

动荡中的文明 / 李默主编 . — 广州：广东旅游出
版社 , 2013.1（2024.8 重印）
　　ISBN 978-7-80766-448-2

　　Ⅰ . ①动… Ⅱ . ①李… Ⅲ . ①中国历史—东晋时代
Ⅳ . ① K237.2

　　中国版本图书馆 CIP 数据核字 (2012) 第 291267 号

出 版 人：刘志松
总 策 划：李　默
责任编辑：张晶晶　梁诗淇
装帧设计：史冬梅
责任校对：李瑞苑
责任技编：冼志良

**动荡中的文明**
**DONG DANG ZHONG DE WEN MING**

**广东旅游出版社出版发行**
（广东省广州市荔湾区沙面北街 71 号首、二层）
邮编：510130
电话：020-87347732（总编室）020-87348887（销售热线）
投稿邮箱：2026542779@qq.com
印刷：三河市嵩川印刷有限公司
　　　（河北省廊坊市三河市杨庄镇肖庄子村）
开本：650×920mm　16 开
字数：105 千字
印张：10
版次：2013 年 1 月第 1 版
印次：2024 年 8 月第 3 次印刷
定价：45.80 元

# 出版者识

　　《话说中华文明》是一部全景式图文并茂记录中国文明历史的大书。出版者穷数年之力，会集各方力量——专家、学者、编辑、学术顾问们，在浩如烟海的历史档案、资料、著作中，探珍问宝，追寻中华文明在悠悠历史长河中的灿烂之光。此书的出版，凝聚了编撰者的心血，学术顾问们的智慧。尤其是李学勤先生，亲自动笔写下了序言，更增加了本书沉甸甸的份量。

　　中华文明的历史充满了辉煌与苦难，成就和挫折。它的历史无处不在，决定着我们中国人今天的思想和感情。当今的中国和中国人是中华文明的历史造就的，是中华文明的历史的延伸，也是它的一个组成部分，中华文明的历史之河奔流到现在。

　　中华文明是人类历史上最伟大的文明之一，是人类文明发展的主要构成。中华文明丰富、深刻、辉煌、博大，在人类文明中的骨干作用和领导作用人所共知。在人类文明的发源时期，中华文明就是四大古国之一，是地球上文化的策源地之一。在人类文明的早期，中华文明成为文明在东方的支柱，公元前后200年间，人类的汉帝国与罗马帝国这两只铁手攫住了地球。在欧洲进入中世纪的时候，中华文明更成为人类文明最主要的领导，它的文明统治东亚，传遍世界。进入近代，中华文明处于自身的重压和西方的欺凌下，但中国人民的斗争史和奋起精神是人类文明历史中不可缺少的一页。

　　五千年的中华文明为人类贡献出了从思想家孔子到科学技术的四大发明、从唐诗宋词到长城运河的伟大创造，贡献出了从诸子百家到宋明理学，从商周铜器到明清文学的深刻内涵，也贡献出了从五霸七强到三国纷争、从文景之治到十大武功的辉煌历史。中华文明的历史绚烂多彩，在人类文明的历史长河中永放光芒。

　　中华文明也是人类历史上最独特的文明，没有哪一个文明像中华文明这样持久，这样统一一致。世界上其他文明不但互相交错，其创造者也都与高加索体质的人种有关，它们是姐妹文明。在人类历史中，只有中华文明才是独特的，它的创造者是中国土地上的中国人民，与其他任何地方的人民都没有关系，它的文化是统一一致的文化，可以不依赖于其他任何文明而生存，但中华文明也绝不是封闭的，它接受他人的文化，也承担自己对于人类的责任。

　　人类进入新世纪，中国的社会经济发展令世人瞩目。人们对于世界未来的政治和经济结构的估计无不以东亚和太平洋为中心，而尤以中国为重点。

　　经济起飞只是当代中国的一个方面，中国的精神文明的建设尤为刻不容缓。如果中国要自觉地发展中华文明，要有意识地使中国的发展具有世界意义，就必须发展强有力的精神文化，这样才能使中华文明的发展进入一个新的阶段，才能形成中国和中华文明的全面现代化。

而中国的精神文化的发展植根于中华文明的伟大传统之中。进入近代之后，在西方文化的冲击下，对于中国文化的价值产生大量的情绪化和激烈冲突的论调。"五·四"运动打倒孔家店的口号具有冲破封建束缚的时代意义，对中国文化的发展有不容否认的正面意义，与文化虚无主义是完全不同的。文化虚无主义者否定中国传统文化，在现代化的旗帜下主张全盘西化；而复古主义则沉迷于中国文化的古董，走进反进步、反科学的泥潭。

历史的发展则超越了所有这些论点，产生这些论调的一百多年来的中国近代史已经结束。历史要求中国发展，要求中国走在全世界发展的前列。西化论和复古论都已过时，历史已经要求世界超越西方，中国可以承担起世界的命运，而中国的现实和世界的历史都说明，中国的使命在于它的发展前进，而非倒退。

中华文明走出迷惘的时代，我们这一代处在一个伟大而具有挑战的历史阶段。

总结历史、展望未来，这就是《话说中华文明》的意义和使命。我们创作《话说中华文明》，力求总结和回顾中华文明的全貌，在内容和形式上都开创一个新的局面。在内容结构上，既具有一定的深度，又具有相当的广博性，既有严谨、准确的学术价值，又有活泼、流畅的可读性。我们在两千页的范围内容纳了中华文明的各个方面，使它综合了大规模学术著作的系统性、严密性，和普及读物的全面性、简易性，它既可作为大型工具书检索中华文明的各个成分，又可作为通俗的读物进行浏览。

我们从上世纪90年代初起就开始思考中华文明的历史和现实问题，并逐渐形成了编著《话说中华文明》的设想。在开展这项庞大的文化工程之始，我们就聘请了国内权威学者李学勤、罗哲文、俞伟超、曾宪通、彭卿云诸先生担任学术顾问，他们对计划作了充分讨论，并审阅了大量初稿。我们聘请了广州、香港地区的社会科学学者、大学教师、研究生以及我社编辑人员几十人担任稿件的撰写工作。

通过创作这部书，我们深深地感受到了中华文明的博大精深，也感受到了它的内在缺陷。中华文明具有辉煌的时期，也有苦难的年代，有它灿烂的成就，也有其不足的方面。中华文明在自身中能够吸取充分的经验和教训，就能够使自身健康壮大，成长发展。

通过创作这部书，我们也深深感受到了出版事业的使命和重任。我们希望这部书能受到广大读者的喜爱，起到它所应当起的作用。为中华文明的反省、前进和奋起作一点贡献。

# 目　录

动荡中的文明

东晋

动荡中的文明

## 317 ~ 320A.D.

# 东晋

317A.D. 晋建兴五年 晋建武元年 成玉衡七年 汉麟嘉二年 前凉张寔四年

三月，琅琊王睿即晋王位，改元建武。六月，豫州刺史祖逖进据谯城，经营北伐。十二月，刘聪杀愍帝。是岁，仇池氏王杨茂搜死，子难敌、坚头分领部曲，号左、右贤王。晋豫章太守梅赜献伪书《尚书》及传。

318A.D. 晋中宗孝元皇帝大兴元年 成玉衡八年 汉刘粲汉昌元年 刘曜光初元年 前凉张寔五年

三月，晋王睿称皇帝，是为中宗孝元皇帝，改元大兴。五月，段匹磾杀刘琨。汉帝刘聪死，子粲嗣，勒准杀之，自称大将军、汉天王，遣使告晋迎怀愍之丧。十月，刘曜称帝，改元光初。石勒攻勒准，徙羌羯降者十余万落于冀州。

319A.D. 晋大兴二年 成玉衡九年 赵汉光初二年 后赵石勒元年 前凉张寔六年

四月，刘曜迁都长安。南阳王保称晋王，改元建康。五月，祖逖败于石虎。石虎破鲜卑日六延，俘斩五万人。六月，汉帝刘曜改国号曰赵，史称前赵。十一月，石勒称赵王，史称后赵。

320A.D. 晋大兴三年 成玉衡十年 赵汉光初三年 前凉张茂永元元年 后赵二年

二月，冀州刺史邵续为石虎所俘、晋北方藩镇皆尽。五月，晋王保为部下所杀。巴人句渠知反刘曜，称大秦，氐、羌、巴羯三十余万应之，关中大乱，曜遣将击定之。祖逖破石勒别军于汴。石勒定选举五品制，又改九品制。

320A.D.

印度笈多王朝（320～495）始于此时，自此以后，印度历史方有明确年代。笈多王朝创立人旃陀罗笈多，原为摩揭陀王，起兵推翻大月氏的统治，统一印度大部。

# 司马睿称帝·东晋建立

太兴元年（318）三月，晋愍帝遇害的消息传到建康，晋王的臣属纷纷上表劝司马睿即皇帝位。十日，司马睿于建康即位称帝，这就是晋元帝。东晋王朝正式建立。司马睿宣布大赦天下，改元太兴。文武百官都官升二级。

司马睿像

永嘉元年（307）七月，朝廷命镇守下邳（今江苏睢宁西北）的琅琊王司马睿移镇建邺（今江苏南京），又命王衍弟王澄为荆州都督，族弟王敦为扬州刺史。

建兴四年（316）十一月，愍帝出降刘聪，西晋灭亡。317年3月9日，司马睿称晋王于建康，改元建武，本年称皇帝，改元太兴。

东晋政权是西晋门阀士族统治的继续和发展。司马睿能在江南重建和中兴晋室，北方士族王导、王敦等琅琊王氏起了很大作用。王导（276～339）更是东晋政权的奠基人，当时被称为"江左管夷吾"。

永嘉（307～313）之乱后，民族矛盾上升为社会主要矛盾，社会关系出现了新的变化。因此，在江左建立的东晋政权不仅是门阀专政的工具，同时也反映了汉民族利益的某些特征，所以"中州士女避乱江左者十六七"。士族门阀的代表人物王导在东晋政权建立以前就清醒地观察了局势，他知天下已乱，遂倾心推奉司马睿，"潜有兴复之志"。（《晋书·王导传》）这显示了他超群的政治远见和抱负。司马睿刚到建邺时，由于他在晋宗室中的名望并不太高，江南士族对他比较冷淡。王导知道要在江南重建政权，没有当地士族支持是不可能立足的，而要帮助司马睿在江南兴复晋室，必须先提高他的威望。王导于是与族兄王敦共同策划，利用三月初三当地节日机会带领北来士族名流，骑马拥从着司马睿的肩舆，进行一次声威浩大的巡游。江南名士纪瞻、顾荣等看到司马睿这种威风，都惊恐地跑到路旁拜见。王导又以司马睿的名义登门拜访贺循、顾荣等，请他们出来做官。顾荣又向司马睿推荐了不少江南名士，出现了"吴、会风靡，百姓归心"的局面。司马睿总算是在江南站稳了脚。

司马睿能成为东晋的创业主，主要依靠了王导、王敦等北方门阀的"同

宋摹本东晋顾恺之斫琴图卷。古琴为中国传统乐器,此图描绘古代文人学士制琴场景。画面共十四人,或斫板,或制弦,或试琴,或帝观指挥。工作者与指挥者多坐于兽皮、席毯之上,风度文雅。除五侍者外,主要人物均长眉修目,面容方整,表情静穆。衣纹细劲,并用青、赭晕染衣袖领边等处。

心翼戴"。司马睿用王导建议,以渤海刁协、颍川庾亮等百余人为掾属,称为"百元掾",列入门阀谱。而王导、王敦等琅琊王氏一门更"特受荣任,备兼权重"。王导"内综机密,出录尚书,杖节京师,并统六军",掌握中央军政大权;王敦则手握重兵,驻节荆州,都督中外诸军事,掌握军事征讨大权。王氏的群从子弟,也都"布列显要"担任要职。在举行皇帝登极大典时,司马睿竟让王导同他一起"升御床共坐",共受百官朝拜,因王导再三推辞才罢。当时人把王导、王敦与司马睿的这种关系,形容为"王与马,共天下"。就是说,南渡士族之首的琅琊王氏与司马氏共同重建了晋室,共同享有东晋天下。东晋王朝共经历11帝,历时104年,是司马氏先后与王、庾、桓、谢四大士族"共天下"。

## 江左初立太学·行岁举

建武元年（317）十一月,江左初立太学。

江左初立,王导即请兴学,戴邈亦有此议。本月,立太学,置博士9人,分掌"易"、"尚书"、"诗"、"礼"、"春秋"五经,其中威望卓著者1人为祭酒。司马睿（元帝）末年,增"仪礼"、"春秋公羊"博士各1人,共11人。太兴二年（319）六月,又增博士5人,合为16人,不复分掌五经,统称太学博士。太元九年（384）四月,增置太学生百人,以车胤领国子博士;十年（385）春,立国学。至此,太学与国学始得并置。

东晋男侍俑。双足露出裙外,裙前后有折印。通体呈灰黑。神态逼真,面部表情纯朴。

（东）晋沿汉法,以秀才、孝廉为岁学。起初,以兵乱之后,抚慰为务,秀才、孝廉自地方到京,往往不加策试,即普遍署官。建武、太兴年间,司马睿申明旧制:秀才、孝

廉皆须试经;不中者,荐举他们的刺史、太守免官。因怯于试经,太兴三年(320)所举秀才、孝廉多不敢来京;来京者亦托疾不试。

(东)晋策试之法,始终有名无实。

# 东晋与北方诸国各立史官

太兴元年(318)十一月,晋帝从王导之议,设立史官。

司马睿(晋元帝)南渡之初,军咨祭酒祖纳进言于睿:"自古小国犹有史官,何况大府,安可不置。"以王隐谙熟五经群籍,雅有史才,荐于睿。时因军国多事,未用其议。此为东晋始倡史官。未久,王导复议此事。遂于本月设立史官。

刘汉嘉平初(311),公师彧以太中大夫领左国史,撰其国君臣纪传。前凉张骏时,刘庆迁儒林郎中常侍,在东苑撰成"起国书"。南凉主乌孤,初定霸基,欲造"国纪",以其参军郎绍为国纪祭酒,始撰录时事。前赵与后燕各置著作官,即和苞、董统。和苞撰"汉赵纪"10卷。石勒自称赵王,命记室佐明楷、程机撰"上党国记",中大夫傅彪、贾蒲、江轨撰"大将军起居注",参军石泰、石同、石谦、孔隆撰"大单于志"。勒称帝后,又擢太学生5人为佐著作郎,录述时事。前秦亦有史官。苻坚因"起居注"载其母少寡,有宠于将军李威,惭怒,焚其书,大检史官,欲加其罪。后因著作郎赵泉、车敬已死,乃止。

# 慕容廆归顺江东

建武元年(317)三月,晋王司马睿封鲜卑大都督慕容廆为都督辽左杂夷流民诸军事,龙骧将军、大单于、昌黎公。但是慕容廆不接受封号。

征虏将军鲁昌劝说他,琅琊王司马睿占据江东之地,天下的命运和他息息相关,所以不如奉他为正统,打着他的旗号讨伐有罪的叛军;谋士高诩也劝慕容廆和江东搞好关系,派人去朝拜司马睿,"然后仗大义以征诸部"。慕容廆接受了这些建议,奉司马睿为正统,并派人上表劝司马睿即皇帝位。

太兴元年(318)三月,晋元帝司马睿再次派人授予慕容廆以"龙骧将军、大单于、昌黎公"的封号,慕容廆接受了前两个而辞去了"昌黎公"的封号。后来裴嶷向慕容廆建议,劝他趁着晋朝势力衰弱的大好时机,兼并周围地区,发展自己的势力。慕容廆当即任命裴嶷为长史,让他为自己的军国大事出谋

划策。从此时起，慕容廆就时不时地袭取周围地区，慢慢地扩大自己的势力。

太兴二年（319）十二月，慕容廆设计击败了高句丽、段氏、宇文氏的联合夹击，收服三部，逐渐地占据了辽东，并派儿子慕容仁为征虏将军，镇守辽东。同时，派宋该写表，裴嶷捧着表及征讨三部所得的皇帝玉玺三纽到建康献给晋元帝睿。太兴三年（320）三月，晋元帝拜慕容廆为"安北将军，平州刺史"。

## 汉国大乱

麟嘉三年（318）七月，汉帝刘聪病逝，太子刘粲即位，改元汉昌。

刘聪被埋葬在宣光陵，谥号为"昭武皇帝"，庙号为"烈宗"。这时候，刘聪的皇后靳太后等都不到二十岁，正青春年少，而且又美艳绝伦，所以刘粲经常与她们私通，根本没有一丝哀戚之感。大司空靳准一向怀有篡权的野心，与他的两个女儿（刘聪、刘粲的皇后）唆使刘粲屠杀朝臣，太宰刘景、大司马刘骥、大将军刘逞、太师刘＊、大司徒刘劢等人都死于非命。八月，刘粲又谋算着去讨伐石勒，就派刘曜镇守，军国政事全由靳准决定。后来靳准造反，将刘氏的男女老少全部在东市斩杀，掘毁了刘渊、刘聪的陵墓，烧毁了刘氏的宗庙。靳准自称为大将军、汉天王，又自行设置了百官。靳准（汉族）还趁势将怀、愍二帝的灵柩奉还。

刘曜、石勒听说靳准在平阳造反，赶紧率部回军讨逆。

这年冬天十月，刘曜在赤壁（今山西河津西北）称帝，改元光初，封石勒加九锡，进爵赵公。靳准派人向石勒求和，石勒将来人送到刘曜那儿去了。十二月，左右车骑将军乔泰、王腾等杀掉了靳准，推举靳准的弟弟靳明为主，派人向刘曜投降。此举激怒了石勒，马上与石虎联手进攻平阳，靳明率领一万五千人投奔刘曜，刘曜将靳氏男女全部杀死。石勒又焚毁了平阳宫室，派人修复了刘渊、刘聪的陵墓，收葬了刘粲等被害的百余口，随后返回襄国（今河北邢台）。

## 拓跋郁律称雄北方

晋建兴四年（316）三月，代国发生内乱，拓跋普根乘势取得了统治地位，但在四月份，拓跋普根死掉了，他的儿子出生不久，普根的母亲册立普根的儿子为皇帝，但在这一年底，拓跋普根的儿子又死掉了，于是大家一致推举他的叔叔即普根的弟弟拓跋郁律为皇帝。晋太兴元年（318）六月，汉将刘虎

从朔方（今内蒙古乌拉特前旗南）向郁律的西部发动了进攻。七月，郁律率领大军大败刘虎的军队，刘虎逃到了塞外，他的弟弟外路单独率部归降。拓跋郁律又向西袭取乌孙的领土，向东兼并列勿吉以西，兵强马壮，一时称雄北方。

# 孔衍去世

孔衍字舒元，鲁国（今山东曲阜）人，是孔子的二十二世孙。孔衍少年时就非常好学，十二岁就通晓《诗》、《书》。后来他到了江东，司马睿任命他为安东参军，专管记录，与庾亮一起补授为"中书郎"，后来又做（明帝）太子的中庶子。当时东晋王朝刚刚建立，百事待兴，孔衍经学知识相当渊博，对于旧朝的礼仪制度非常熟悉，所以参与制定了东晋的礼仪规范，深受晋元帝和晋明帝的信赖。石勒认为孔衍是儒雅的读书人，曾命令他的下属不要轻易进入孔衍的地域骚扰他。太兴三年（320）孔衍逝世，年仅53岁。孔衍生前著有《春秋公羊传集解》、《汉魏春秋》等书，后者在敦煌有抄本留世。

# 石勒建赵国

汉光初元年（318），石勒协助刘曜攻灭靳准的叛乱，刘曜即皇帝位，石勒进爵为赵王，两人之间逐渐产生了隙怨。石勒的部将劝他另起炉灶，自称尊号。前赵光初二年（319）十一月，石勒在部下的拥戴下即赵王位，依照当年刘备在蜀、曹操在邺的故事，凭借河内等二十四郡创建了赵国，历史上将其称为后赵，这一年就称为赵王元年。石勒修建了社稷宗庙，营造东西二宫。又令法曹令史贯志收集旧律，编写《辛亥志》作为赵国法律，设置了经学祭酒、律学祭酒、文学祭酒。还设立门臣祭酒，专门负责胡人的诉讼，门生主书主管胡人的金钱出纳。还严厉禁止胡人凌辱汉族人。后赵把胡人作为国民，朝廷集会使用天子的礼乐、衣冠、仪物。任命张宾为大执法，总揽朝廷的行政事务，统领百官；石虎为单于元辅，主管军事事务，后来又赐爵为中山公。

石勒建立赵国之后，执法很严格，因为他自己是羯胡之人，所以对于"胡"字避讳很严。据说有一次有一个胡人喝醉了酒骑马闯到东门，当时宫殿已经修好，禁止随便闯门。石勒听到这事非常生气，严厉地责问守门的小官冯翥，冯翥战兢兢地忘了避讳，对石勒说："有一个喝醉了的胡人，骑马冲了进来，我们呵斥驱赶他，却不能和他说话。"石勒听了，笑着说："胡人本来就难以交谈。"马上宽恕了他。石勒命令张宾掌管选举法，下令公卿及各州郡每年举荐秀才、至孝、廉清、贤良、直勇的人各一名。到此，后赵立国，粗有纲纪。

## 鲍敬言提出"无君论"

两晋时期门阀势力大盛，政治黑暗腐败，对此，鲍敬言著成《无君论》，猛烈批判君主政治。

鲍敬言，生平事迹不详，政治思想家，大约生活于两晋葛洪同时或稍前。他推崇老庄之言，幻想一种没有君主和政府的社会，在那里人们没有徭役租赋负担。其思想集中于《无君论》一书，今已佚，残文保存在《抱朴子·诘鲍》中。

鲍敬言依据元气学论提出无君论。认为天地万物都是由阴阳二气化生的，事物禀承刚柔而有不同的属性，随着四时八节的自然变化而有生有灭。各种事物都在自然界中有适当的地位，天高地下，根本没有什么尊卑之分。

他认为有君论是儒老编造出来的神话，君授神权是一种谬论。君主的出现是人压迫人，人欺诈人的结果。"强者凌弱，则弱者服之；智者作愚，则愚者事之"，故"君君之道起焉，力寡之民制也"。君主的出现，对百姓带来的只是灾难，"有司设则百姓困，奉上厚则下民贫"，所以，应当取消君主制，消除社会不平等。他向往无君无臣，丰衣足食，不争势利的理想社会，在一定程度上反映了当时人民摆脱痛苦的愿望。

无君论在中国古代社会独树一帜，包含了进步的社会历史观，对后世的反君主专制思潮有重要的影响。

# 东晋

321A.D. 晋大兴四年 成玉衡十一年 赵（汉）光初四年 前凉永元二年 后赵三年

三月，幽州刺史段匹磾为石勒所执，后初杀，至是，石勒遂几有幽、冀、并三州。九月，豫州刺史祖逖死。十二月，以慕容廆都督幽、平二州、东夷诸军事、平州牧、 辽东公。

322A.D. 晋永昌元年 成玉衡十二年 赵（汉）光初五年 前凉永元三年 后赵四年

王敦反于武昌。王敦入石头城，纵兵劫掠。闰十一月，晋元帝卒，皇太子绍嗣位，司空王导辅政。

325A.D. 晋太宁三年 成玉衡十五年 赵（汉）光初八年 后赵七年 前凉太元二年

慕容廆大破宇文乞得归，俘人及畜以百万计。四月，石勒破兖州。五月，石勒遣将破刘曜关东诸屯戍，于是司、豫、徐、兖皆入于勒，与晋以淮为界。闰七月，明帝死，皇太子衍嗣位，是为显宗成皇帝，皇太后庾氏临朝称制。

329A.D. 晋咸和四的 成玉衡十九年 后赵太和二年 前凉太元六年

刘曜太子熙奔上邽，石勒取长安。九月，石虎败刘胤，破上邽，杀刘熙、刘胤及其王公卿校三千余人。吐谷浑成立。

330A.D. 晋咸和五年 成玉衡二十年 后赵太和三年、建平元年 前凉太元七年

二月，石勒称大赵天王，行皇帝事。九月，石勒称帝。虞喜发现岁差。


324A.D.

罗马君士坦丁败来辛尼阿于亚德里亚堡。君士坦丁为罗马帝国内战之胜利者，帝国唯一之皇帝，罗马帝国复定于一。

325A.D.

罗马皇帝君士坦丁召集"全世界"基叔教会大会于尼西亚（地在小亚细亚），解决基督教内阿里安派与阿塔内喜阿派之纠纷。墨西哥古城特奥地瓦坎成。

330A.D.

印度笈多王朝第二个皇帝撒墨陀罗笈多即位，在其统治时期，笈多朝达到极盛时期。其领土，包括北印度、中印度之大部，为阿育王以后，最大的版图。

圣彼得大教堂建成。

## 王敦起兵武昌反晋

东晋建立初期，政权并不稳固。内朝与方镇之间矛盾尖锐。东晋以扬州属内朝，荆州为最强大的方镇，内朝与方镇的矛盾就表现为"荆扬之争"。

建兴三年（315），司马睿任命王敦为元帅，率兵讨伐杜。后被任命为江州刺史，指挥江州、扬州、荆州、湘州、交州、广州等地军事。王敦坐镇武昌，自行选派官吏，任命武将，兼统州郡，专擅之心迹渐已暴露。

永昌元年（322）正月十四日，王敦借口清君侧除刘槐，在武昌（今湖北鄂城）

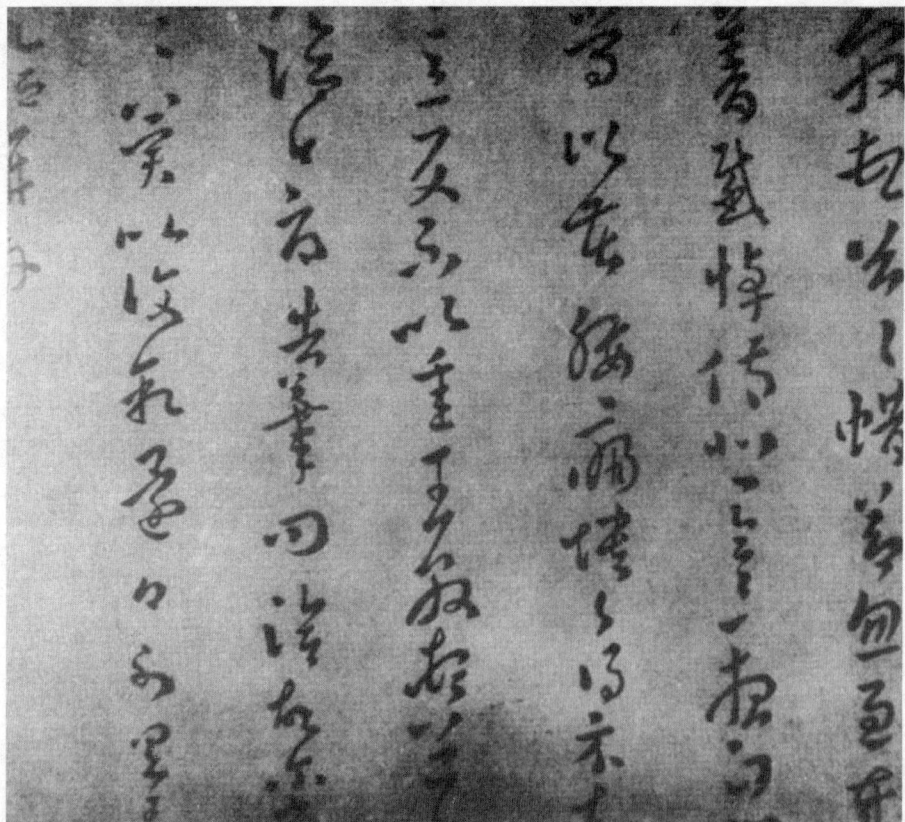

王敦手札

起兵反晋，沈充在吴兴（今浙江湖州西南）响应，揭开"荆扬之争"的序幕。三月，王敦前锋杜弘进逼石头城，晋将周札开门迎降，王敦便攻石头城，杀周顗、戴渊。晋元帝令公卿百官去拜见王敦，并任命他为丞相，都督中外诸军、录尚书事、江州牧，又封为武昌郡公，王敦未预接受；相反，他改换百官与诸军镇，为所欲为。四月，王敦退后回武昌。

永昌二年（323）四月，王敦移师姑熟（今安徽当涂），自己担任扬州牧，图谋篡位。太守二年（324）五月，王敦病重。晋明帝司马绍下诏讨伐王敦，任命王导为大都督，温峤都督东安北部诸军事，郗鉴指挥从驾诸军事，又诏征苏峻、祖约等保卫京城。王敦以诛杀温峤等为借口，以兄含为元帅，率众五万进攻建康，再反朝廷。不久，王敦病死，王含军被击溃。

## 江东周沈二豪被王敦翦除

太宁二年（324）正月，江东豪族周、沈二氏为王敦翦除。（东）晋朝廷以南渡世族为主干，综理朝政。"江东之豪，莫强周沈"，义兴周氏与吴兴沈氏实力最强。其中周玘对稳定（东）晋政权曾有大功，加以宗族强盛，人情所归，招致司马睿心生疑惧。周玘则因不得重用，心怀怨愤。他与王恢密谋，杀诸宰臣，由江南士人奉帝执政。事泄，玘忧愤而死。周氏一门五侯，贵盛无比，本来最遭北方士族忌惮。周玘父子反谋败露以后，王敦决意拉拢沈氏，先除周氏。他通过钱凤，邀结吴兴沈充；又借端诬称周札叔侄谋叛，使沈充率兵袭击，诛周勰诸兄弟；又进军会稽，周札兵溃被杀。沈充助王敦尽灭周氏，王敦也想扶持沈充，专威于扬州。今年七月，敦兄王含率领叛军进攻建康，沈充率从助攻至宣扬门。王敦死后，司马昭命追沈充于吴兴。沈充逃入故将吴儒家，被吴儒所杀。

## 葛洪著成《抱朴子·内篇》·发展道教理论

东晋（318）时，葛洪撰成《抱朴子·内篇》，这是道教宗教哲学和原始化学炼丹术的重要著作。它在道教史和炼丹史上都有重大影响。

葛洪（284～364），字稚川，自号抱朴子，丹阳句容（今江苏省句容县）人，是东晋著名的道教理论家、炼丹家和医药学家。他学识丰富，著作很多，但大多散佚。其中影响最大的当推《抱朴子》，含内篇20卷，外篇50卷。而《抱朴子·内篇》则是反映他的道教神学理的主要代表作。

葛洪在书中提出了以"玄"、"道"、"一"为宇宙本体的理论，为长

动荡中的文明

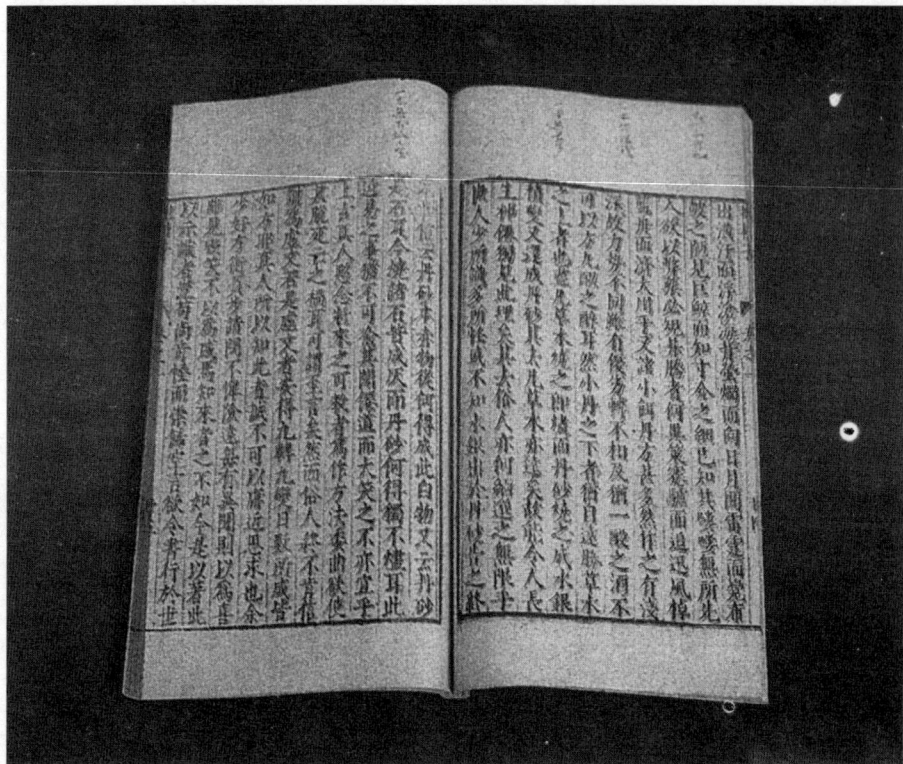

《抱朴子内篇》关于硫化汞和汞的化学性质的叙述

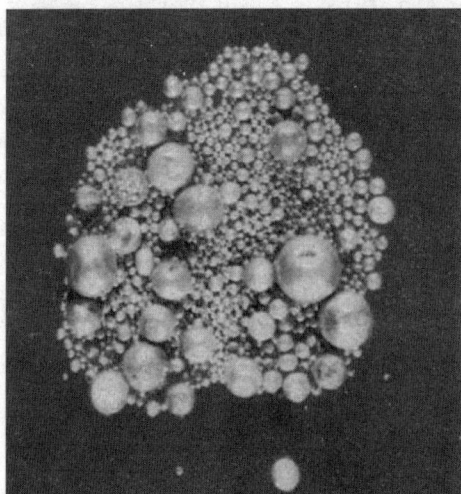

按中国炼丹术著作中的方法重新炼制的"金"

生不死的神仙道教制造理论根据。他认为"玄"是超自然的存在，是宇宙万物的总根源。它不可感知，不可捉摸，神通广大，且无所不在、无所不能。它是孕育元气、铸造天地星宿乃至万物生成的根据和原动力。因此葛洪强调宇宙万物一刻也不能离开"玄"。而且必须"得之于内"，通过内心的冥思苦想去探索。

葛洪又将"玄"称作"道"、"一"，并进一步把"一"神化，提出"守一存真，乃得通神"的宗教神学思想。他把"守一存真"看作是通向神仙之境的根本途径，并且因此可使天、地与人，人与道，主观与客观统一起来，在精神上突破有限个体的束缚，与无限的宇宙合一。而为了达到这一目标，则必须通过宗教禁欲主义的修养。

与其他宗教幻想灵魂入天堂不同，葛洪的道教理论还强调炼形的重要性，为的是使"神"（或"精灵"）不离开其身，从而达到长生不死，肉身成仙。他还提出"有因无而生焉，形须神而立焉"的形神观，把"形"说成要依赖"神"才能确立而不朽，强调精神是第一性的，形体是第二性的。

中国古代炼丹家葛洪（号抱朴子）

葛洪还特别强调遵守封建伦理纲常对道教的修炼的重要性，认为"欲求仙者，要当以忠孝和顺仁信为本。若道德不修而但务方术，皆不得长生也。"

与一切有神论者和宗教徒在论证"神"的存在时一样，葛洪也把自己虚

杭州葛岭的抱朴道院——为了纪念葛洪而在他的炼丹遗址上修建的道教院宇

**013**

构的神仙之美等一切不实之物，都归之于人们有限认识之外的无限世界。他用聋子听不到雷声、瞎子看不见日月星辰之光作比喻，来证明人们虽然看不见神仙和听不到神仙的声音，而神仙世界是存在的。但实际上神仙只是道教徒头脑中虚构的神秘物，客观实际证实这些是不存在的。

东晋时道教从民间宗教向为门阀世族服务的官方宗教转型，葛洪的《抱朴子·内篇》对此起了很大的促进作用，是这一转折阶段的一块里程碑。早期的道教常以符箓、巫祝等宗教仪式为人治病，并以此吸引信徒。后来便有人认为用这种方法可求取长生，葛洪对此作了否定。他赞富贵神仙，斥民间道教，甚至认为王者应以严刑峻法来制止这类巫术活动。他在强调内修的同时，提出了外养兼顾、"籍外物以自坚固"的见解。他从黄金耐腐蚀、高溶点的化学稳定性出发，推论金丹具有使人不朽的滋补作用。并为信徒们列出以下修道方法：①积善立功，②草木药饵，③屈伸导引，④宝精行气，⑤金丹大药。

《抱朴子·内篇》还总结了魏晋时期炼丹术的成果，收录了大量丹方、经方，其中最重要的是"金液"丹，且是很难破译释读的丹方之一。其主要的原理是使金的溶解度有所增加，然后再被有机物还原为胶态金，这与国外炼金术的"金液"类似。

"金丹"卷中所涉及的药物有铜青、丹砂、水银、雄黄、矾石、戎盐、牡蛎、赤石脂、滑石、胡粉、赤盐、曾青、慈石、雌黄、石流黄、太乙余粮、黄金、铜、珊瑚、云母、铅丹、丹阳铜、淳苦酒等20多种，明显比《周易参同契》里所提到的要多。

杭州葛岭的葛洪炼丹井，传说葛洪炼丹的水源。

"仙药"卷中提到用硝石、玄胴肠（猪大肠）和松脂炼雄黄，并且在实验中观察到若超过一定温度，便起火爆炸，这是原始火药的萌芽。故"仙药"卷的记载也是前火药史的史料。

葛洪还实验过铁与铜盐的置换反

应，如"黄白"卷有"以曾青涂铁，铁赤色如铜"（曾青是硫酸铜矿石）。

葛洪在炼丹实验中已经探索到近似反应可逆性的物质循环的思想。如"金丹"卷中有"丹砂烧之成水银，积变又还成丹砂"（丹砂即硫化汞）。又"黄白"卷中有"铅性白也，而赤之以为丹；丹性赤也，而白之而为铅"。说的是铅经过化学变化成铅白，即胡粉，也即白色的碱式碳酸铅；铅白加热，变化成铅丹，即红色的四氧化三铅；四氧化三铅又可经化学变化成铅白。

葛洪是汉魏以来道教理论的集大成者，他的《抱朴子·内篇》为神仙道教构造了一个比较完整的理论框架。它是向社会不同附层公开布道的神仙道教典籍，并为道教在南北朝成熟准备了条件。

## 前赵刘曜占据秦陇称帝

前赵光初六年(323)七月，陈州刺史陈安被刘曜俘杀，前赵势力达秦陇。

太兴元年（318）十月，汉相国刘曜在平阳（今山西临汾）称帝，改元光初。后迁都长安。为了拓展疆土，刘曜先将兵锋指向秦陇。并于汉光初二年（319）六月，改国号为赵（史称前赵）。

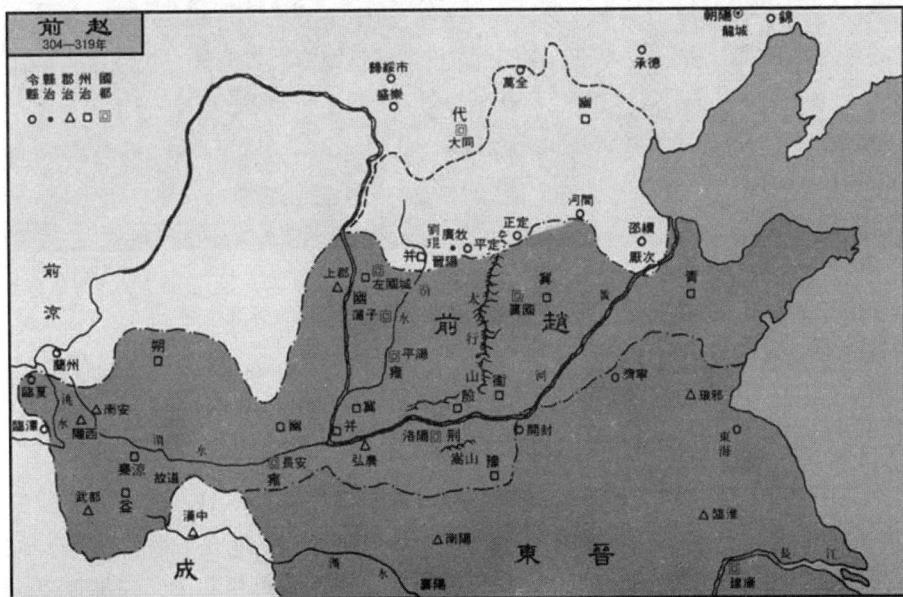

前赵疆域图

动荡中的文明

东晋羊形烛台。青瓷羊形台出现于三国，东晋盛行，照明点都在羊头上。此烛台的羊形作昂首跽伏状，别具匠心的是褐斑彩巧施于圆睁的双目，神情中透出几分惊奇。

光初五年（322）二月，刘曜率军攻打仇池（今甘肃成县西）杨难敌。难敌投降，并遣使向（前）赵称藩，刘曜让难敌占据武都、阴平两郡，并封为上大将军、武都王。

秦州刺史陈安请求朝见刘曜。刘曜声称患病，拒而不见。陈安大怒，派遣弟陈集率骑兵三万追打刘曜，受到刘曜将领呼延瑜的狙击，陈集被杀。陈安回到上邽（今甘肃天水），又袭击汧城（今陕西宝鸡西北），一举攻克，陇上氐族、羌族纷纷投附。陈安自称凉王。唯有休屠王石武向赵投降，刘曜

东晋德清窑黑釉壶。东晋德清窑以黑釉瓷器著称。釉色匀润，制作端整，是德清窑的精品。

任命石武为秦州刺史，封酒泉王。光初六年（323）六月，陈安围攻赵将刘贡驻守地南安。石武引兵支援，与刘贡合击陈安。陈安大败，被迫退守陇城（今甘肃庄浪）。七月，刘曜亲自率领大军围攻陇城，另遣将兵包围上邽。陈安屡战屡败。陇上诸县闻风纷纷投降刘曜。陈安让副将杨伯支、姜冲儿留守陇城，自率精兵突出重围，向陕中逃奔。刘曜派将军呼延青人追击，陈安弃马逃匿山中，被赵将俘杀。陈安将领杨伯支诛杀姜冲儿，出城投降；别将宋亭斩赵募，以上邽投降。刘曜下令将

秦州大姓杨、姜诸族2000余户迁往长安。氐族、羌族也都送人质到长安，向刘曜投降。八月，刘曜乘削平陈安之机，又派兵向凉州张茂进攻。刘曜亲率士卒28万，列阵百里，直逼姑臧（今甘肃武威）。不久，张茂便遣使向刘曜称藩，并献上马、牛、珍宝。刘曜任命张茂为侍中、太师、凉州牧，封凉州王，加九锡。

从此，秦陇之地尽归前赵。

# 两赵大战关洛

后赵六年（324）正月，后赵大将石瞻率兵进攻晋下邳（今江苏睢宁西北）、彭城（今江苏徐州），攻取东莞（今山东莒县）、东海（今山东郯城北），晋将刘遐退守泗口（今江苏淮阴北）。另一大将石生向前赵河南太守尹平驻守地新安（今河南洛阳西）进攻，斩尹平，俘掠五千余户东归。两赵由此构隙，在交界地区河东（今山西夏县）、弘农（今河南三门峡西）之间，互相攻掠，始启战端。

前赵光初八年，后赵七年（325）三月，北羌王盆句除投附前赵，后赵大将石佗乘机袭击，俘获3000多人，牛马羊百多万头。刘曜派中山王刘岳反击，并亲自屯兵富平以作声援，刘岳击败石佗。石佗被杀，后赵损兵6000多

十六国时期太树壁画。树上结白色果实，树梢立一青鸟，枝间立鹦鹉和赤猴。赤猴两眼前望，右肢前伸，左肢上举。树下有一栅栏，栅栏内外绘草丛。栅栏内有一棵体男人，双手执耙，作耙草状。壁画内容丰富，布局合理，形象准确，为十六国时期墓室壁画中的佳作。

人，其余的也都被俘虏。五月，后赵大将石生屯兵洛阳，不断骚扰河南，多次击败司州刺史李矩、颖川太守郭默。李矩、郭默被迫投附刘曜。刘曜派中山王刘岳率兵 15000 赶赴孟津（今河南孟津），又遣镇东将军呼延谟率众从崤关、渑池向东攻击石生。刘岳攻陷孟津、石梁两堡垒，包围石生退守地金墉。（后）赵急遣中山王石虎率步兵、骑兵 4 万，进入成皋关，与刘岳在洛西展开战斗。刘岳兵败，退守石梁。刘曜见形势危急，亲率大军前来增援。石虎率领骑兵 3 万迎击，但前锋被挫。曜兵得以进屯金谷。无奈夜中其军无故惊溃，被迫退兵长安。六月，石虎攻陷石梁，俘获前赵刘岳及将佐 80 余人，氐羌族 3000 多人，押送回襄国；又坑杀刘岳士卒 9000 人。此后，石虎率兵北渡黄河，攻克并州（今山西永济），杀并州刺史王腾，坑杀其部下 7000 人。

刘曜败归长安，忧愤成疾。郭默被石聪击败，抛妻弃子南逃建康。李矩也率众南逃，中途死去，余众向后赵投降。

从此，司、豫、徐、兖诸郡之地全部属于后赵，隔淮水与（东晋）对峙。

## 苏峻据建康·晋大乱

咸和二年（327）十月，历阳（今安徽和县）内史苏峻起兵作乱，占据建康。

苏峻字子高，长广挺县（今山东莱阳南）人。西晋末年中原战乱，峻聚众屯结，投奔晋元帝司马睿。后参与讨伐王敦叛乱，因战功晋升为历阳内史，心中颇怀骄溢，有轻视朝廷之意。又养得精兵万人，器械完备，且招纳亡命之徒，兵力愈强。

咸和元年（326），司马衍（成帝）继位，朝政大权尽归外戚庾亮。庾亮认为苏峻、祖约不忠，调温峤镇守武昌，增修石头城，用以防备。次年十月，庾亮不顾朝臣异议，下令征讨苏峻。苏峻闻知，便联络豫州刺史祖约，以讨伐庾亮为借口，共同起兵反晋。这是东晋内朝与外镇矛盾的又一次爆发。

咸和二年（327）十二月，苏峻攻陷姑熟（今安徽当涂）。次年（328）正月，苏峻率领祖涣、许柳等自小丹杨（今江苏江宁南秣陵关）东进发。晋廷派卞壶与钟雅、郭默、赵胤等领兵阻击，卞壶力战而死。苏峻乘胜进逼建康。庾亮亲自督兵守宣阳门，无奈军心涣散，未及列阵，士卒先后奔逃。庾亮等只好西逃寻阳（今江西九江）。叛军随后攻入建康，司徒王导等拥成帝于宫内太极前殿，峻兵不敢上殿，

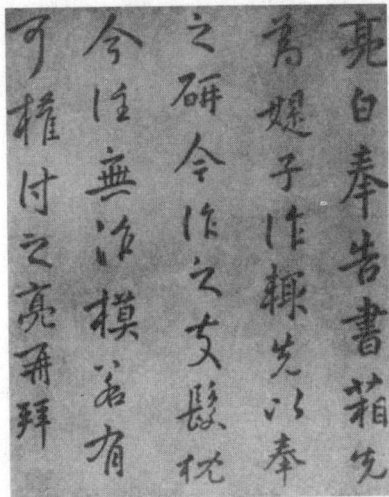

晋将庾亮手札

便大掠后宫，驱役百官，裸剥侮辱士女，城内哀号之声震动内外。又大肆抢掠府库所藏布匹、钱绢、金银。

苏峻占据建康之后，便下令大赦，自封为骠骑将军、录尚书事，以王导守本官，祖约为侍中、太尉、尚书令，许柳丹扬尹，祖涣为骁骑将军，马雄为左卫将军，司马兼为西阳王、太宰、录尚书事。朝中大权尽落苏峻手中。

咸和三年（328）三月，温峤、庾亮约陶侃共讨苏峻，并推举荆州刺史陶侃为盟主，宣布祖约、苏峻罪行。陶侃率兵4万，顺江东下，进逼建康。同时三吴（指吴兴、吴郡、会稽）士民得司徒王导密令起兵勤王，苏峻不得不调兵防备。九月，陶侃指挥水军攻打石头城，庾亮、温峤率兵万人，从陆路进击。苏峻率八千士兵迎战，被陶侃部将彭世、李千斩杀，余众溃逃。叛军又立峻弟苏逸为主，闭城自守。咸和四年（329）二月，诸路军马围攻石头城，晋室南迁以来的最大的叛乱得以平息。

# 虫讹风起

太宁元年（323），淮泗地区风传有虫病流行。讹称有虫咬人孔窍，几天后虫从孔窍进入腹部，人就会死去。治疗此病的药方，必须用白狗胆作药。又风传有治虫方法，当病虫还在体外时，速用烧铁烙死它。

此讯数日传到建康，民间惊扰大起，人人都认为自己已得虫病，惶惶

不可终日。白狗胆顿时成为抢手货，白狗价格暴涨，经辗转哄抬后，价钱增长十倍。又兴起自灼之风，被烧烙的百姓达十之七八。甚至还有人自称擅长烙虫，设铺开业；百姓登门求治，络绎不绝。开业者从早到晚，烧灼不停，

东晋德清窑黑釉唾壶

东晋青釉褐斑蛙尊

身体困倦才停工休息，每天可以收入五、六万钱。四五日后，此谣言才慢慢平息。

## 《游仙诗》作者郭璞被杀

太宁二年（324）六月，晋文学家、训诂学家郭璞被王敦杀害，终年49岁。

郭璞（276～324），河东闻喜人。字景纯。喜好经术，博学洽闻，才华横溢而讷于言辞，擅长词赋，为当世之冠。喜好故奇字又妙于阴阳历算，曾跟从郭公学习卜筮术，精通五行天文卜筮之术。晋代以后坟墓要择吉地而建，相传相墓术就起于郭璞。

西晋末年，中原大乱，郭璞避地江南。最初被任命为宣城太守殷佑参军，之后投入大臣王导门下，被引见晋元帝司马睿，官拜著作佐郎，升调尚书郎。晋明帝司马绍以太子居东宫时，郭璞曾以才学受到重视。然而郭璞为人随便，不修威仪，嗜酒好色，还自以为才高位卑，有怀才不遇之感，作《客傲》以示不满。后王敦任命郭璞为记室参军。太宁二年（324）六月，明帝下诏进讨王敦。王敦准备再次举兵反晋，令郭璞卜筮。璞见卦象凶险，谏阻王敦起兵，被王敦杀害。王敦乱平后明帝追赠为弘农太守。

郭璞的《游仙诗》独具风貌，在游仙诗的发展中具有重要意义。

建安、正始时期，文人游仙诗已经流行。其内容旨趣，融合了《楚辞·远游》的幻想，庄子"神人"的境界，夹杂着道教追求长生不老的意愿，如曹植、嵇康的游仙诗。阮籍的《咏怀诗》也借助神仙意象寄寓玄思、抒发幽愤。西晋以来，文人的游仙诗与招隐诗主旨大体相同，可视为玄言诗的变体。

郭璞《游仙诗》14首，继承了《游仙诗》的传统，又有所独创。他借游仙以咏怀，虽有玄思，却不同于理过其辞、"淡乎寡味"的玄言诗。它以精美的语言描绘了自然景色和幽寂环境，如"旸谷吐灵曜，扶桑森千丈"，"回

风流曲榭，幽室发逸响"等，人物形象都是风神飘逸，写得极有情采，创造出一种瑰奇幽妙的意境。尤其第9首所表现出来的飞腾九霄、俯视大地、忽感悲哀，只见"东海犹蹄涔，昆仑若蚁堆"，这种奇妙的艺术想象和艺术构思正是郭璞的高明之处。因此，钟嵘《诗品》评它："文体相辉，彪炳可玩，始变永嘉平淡之体。"他借抒写遨游虚无缥缈的仙境来抒发现实苦闷，这和阮籍的《咏怀诗》一部分主题类似，但在表现手法上，描写仙人仙境的幻想成分更多一些。他的《游仙诗》中表现的隐逸出世思想与老庄一脉相承，这种主题思想和表现手法更为唐代诗人李白的游仙诗所发扬。

郭璞生前撰述甚多，因喜好古文奇字，曾注释《尔雅》、《三苍》、《方言》、《穆天子传》、《山海经》以及《楚辞》、《子虚》、《上林赋》，还曾另作《音义》、《图谱》等。《晋书》载有郭璞生平传记。

# 两赵决战关洛·前赵亡

前赵光初十一年，后赵太和元年（328）七月，后赵石勒命令石虎率领4万大军西进轵关，袭击前赵刘曜河东郡，占领50余县，又转攻蒲阪。刘曜亲领水陆精兵，北渡黄河，驰援蒲阪，在高侯大败石虎军，获其辎重粮草无数。石虎军枕尸200多里，石虎则逃奔朝歌。刘曜乘胜追击，挥师南下，攻击洛阳金墉城守将石生，决于金＊水灌围金墉城。另外又分兵遣将进攻汲郡和河内。

石勒闻讯大为震惊，同年十二月，亲自率领石堪、石聪、桃豹、石虎诸路军马，共步兵6万，骑兵2.7万集结在成皋，驰援洛阳。从巩县渡过洛水，直至洛阳城下。刘曜得知，急撤金墉围城兵马，将10余万大军摆在洛水西岸，列阵南北10余里。石勒率兵4万入洛阳。十二月五日，两军在西阳门（洛

两赵大战前赵溃败。图为后人绘两赵作战图。

**021**

城西面南头门）交战，刘曜兵大溃。刘曜受伤被石堪所擒。石勒大破前赵兵，斩杀 5 万多首级，尽歼刘曜主力。十一日，石勒班师回朝。令刘曜作书告谕太子刘熙投降，刘曜却令刘熙维护社稷，被杀。

前赵光初十二年（329）正月，太子刘熙与南阳王刘胤打算西保秦州，便弃长安退守上邽。关中大乱，长安部将蒋英、辛恕率众数十万投降后赵。同年八月，前赵南阳王刘胤率兵进攻长安，各地戎夏百姓起兵响应，长安城内守将石生坚守不下。九月，石虎率军大破前赵兵，乘胜攻陷上邽，擒杀刘熙、刘胤以及公卿将校等 3000 多人。又将关东流民、秦雍大族 9000 多人迁至襄国，在洛阳坑杀五郡屠各 5000 多人。至此前赵灭亡，共历 26 年。

前赵既灭，秦陇之地尽属后赵。氐王蒲洪、羌酋姚弋仲等向石虎投降。石虎表奏石勒，任命蒲洪总督六夷军事，姚弋仲为六夷左都督，管理氐、羌族地区。又迁移氐、羌百姓 15 万人至司州、冀州定居。

## 石勒称帝·建立赵国

后赵建平元年（330）九月，石勒称帝。永嘉六年（312）石勒领军攻占襄国、冀州等周围郡县，被汉王刘聪任命为"都督冀、幽、并、营四州诸军事"的"冀州牧"，又封为"上党公"。石勒开始以襄国为据地屯积粮草，招兵买马，图谋大业。建兴二年（314），石勒在幽、冀诸州清点人口，征收租赋，但比西晋所征减轻一半。太兴二年（319），石勒称王，下令禁止酿酒，郊祀宗庙时用醴代酒。又派遣官吏巡视各州郡，劝课农桑。规定劝课农桑的成绩较好者，赐爵五大夫。因此中原农业生产得以逐步恢复，石勒势力强大起来，国境也不断扩大。咸和五年、后赵太和三年（330）二月，后赵群臣请石勒即皇帝位，于是石勒自称大赵天王，行皇帝事，立世子石弘为太子，立妃刘氏为王后。任命另一子石宏为骠骑大将军、都督中外诸军事、大单于，并封为秦王；任命石虎为太尉、尚书令，封为中山王。同年九月，石勒正式称皇帝，改元建平，以石弘为皇太子，其他文武大臣都封赏有差。

石勒继位后，下诏命令公卿以下官员每岁举选贤良方正，以广求人才。又继续实行九品官人制度。又在襄国设立太学、小学，选取将佐豪右子弟入学教育，在各郡国设置学官，每郡派博士祭酒一人，收弟子 150 人，授以儒学经典。从此后赵国力大增。全盛时期，其管辖境地南逾淮河，东滨大海，西至河西，北接燕、代。除辽东慕容氏、河西张氏外，北方地区尽属后赵，隔淮河与东晋对峙。

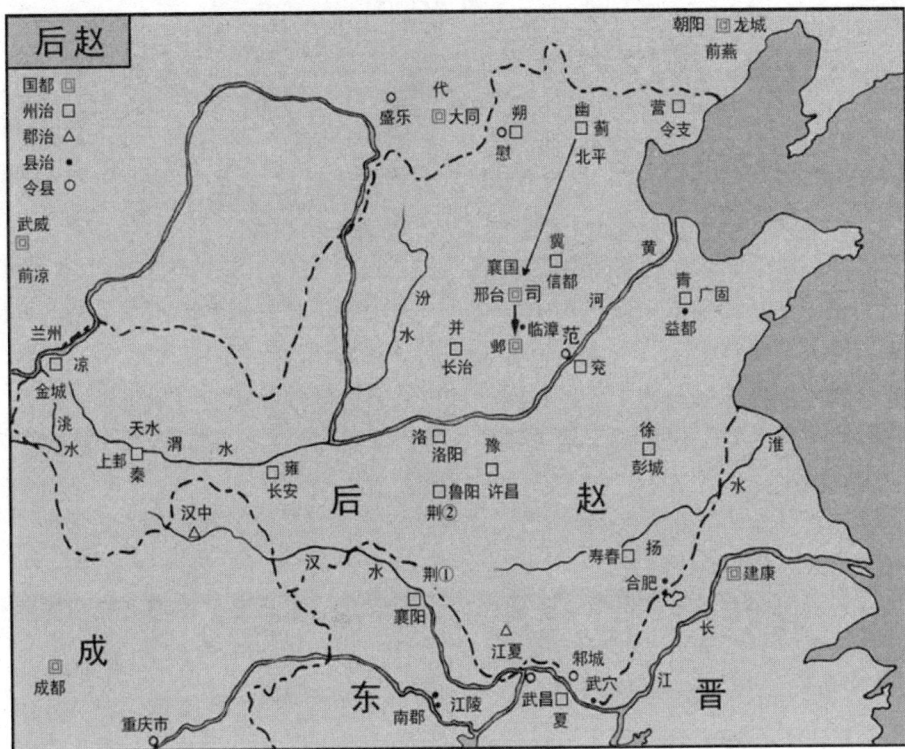

后赵疆域图

## 虞喜发现岁差·创安天论

咸和五年（330），晋天文学家虞喜发现岁差现象。

所谓"岁差"，是指由于每年地球自转轴的方向发生变化，而使得春分点沿黄道向西缓慢运行，导致回归年比恒星年短的现象。

虞喜认为，"通而计之，未盈百载，所差二度"，因此得出50年差一度的结论。这个看法在世界天文史上居领先地位，也较为精确。虞喜岁差的发现使我国的天文历法比较早地区分了恒星年与太阳年，是中国天文史上的一大发现。

虞喜字仲宁，会稽余姚（今浙江）人，咸康年间（335～342），著有《安天论》，提出了一种崭新的宇宙理论。

安天论认为天高地深都是无穷尽的，天因其上而有不变的形态，地因在下而成为可居住之体，天覆盖地并无方形、圆形相接之说，因为它们是没有穷尽的；各种天体分布于天地之间，各自按自己的规律运行，就仿佛是潮汐有规律一样。安天说是对天地关系的一种哲学思考，并未深究各种天体具体的运行规律。

魏晋以前的天文家，大致有盖天、宣夜、浑天三家，魏晋时又有昕天、安天、穹天三家，合称论天六家。

东晋河间相虞从撰《穹天论》，以为天穹之形象鸡蛋，幕垂天际，四周接四海之表，浮于元气之上。相比之下，虞喜的安天论更有合理的内核。

# 东晋

333A.D. 晋咸和八年 成玉衡二十三年 后赵建平四年 前凉太元十年

五月，慕容廆死，子皝嗣。七月，石勒死，子弘嗣，石虎自为丞相、魏王、大单于，加九锡。十月，石生、石朗起兵攻石虎，皆败死。慕容皝兄弟内哄，皝庶兄翰奔辽西段氏，弟仁据辽东。

334A.D. 晋咸和九年 成玉衡二十四年 后赵石弘延熙元年 前凉太元十一年

石虎遣将击关中，徙秦州三万余户于青、并二州。六月，陶侃死。成李雄死，子班嗣。十月，成李期杀李班自立。十一月，石虎废石弘，称居摄天王；寻杀弘及石勒妻子。

335A.D. 晋咸康元年 成李期玉桓元年 后赵建武元年 前凉太元十二年

九月，石虎迁都于邺。是岁，代王拓跋翳槐以内乱奔于石虎。西域焉耆、于实、鄯善、龟兹皆遣使奉献于张骏。石勒、石虎礼敬佛图澄，后赵佛教大兴。

336A.D. 晋咸康二年 成玉恒二年 后赵建武二年 前凉太元十三年

正月，慕容皝平辽东，杀慕容仁。

337A.D. 晋咸康三年 成玉恒三年 后赵建武三年 慕容皝燕元年 前凉太元十四年

正月，石虎称天王。立太学。十月，慕容皝称燕王，称藩于石虎。

338A.D. 晋咸康四年 汉（成）汉兴元年 后赵建武四年燕二年 代建国元年 前凉太元十五年。

四月，成李寿废李期自立，改国号曰汉，改元汉兴。石虎攻慕容皝，围棘城，大败，失五万余人。九月，汉李寿尽杀李雄诸子。


337A.D.

波斯与罗马第一次战争起，此次战争直延续至350年。罗马因波斯犹镇压基督教徒，遂对波斯抗议。浦尔二世借此与罗马开战。

罗马皇帝君士坦丁死，三子俱称奥古斯都，分国而治：君士坦丁二世治意大利与高卢，君士坦都二世治东方，君士坦士治伊利利古木。

340A.D.

君士坦丁二世战死，罗马再次分裂为东西。

## 石勒病逝·石虎摄政

后赵建平元年（330）二月，石勒称天王，立弘为太子，封弘弟石宏为大单于，任命石虎为太尉、守尚书令、中山王。石虎，名季龙，石勒之侄。性残嗜杀，骁勇善战，助勒建赵，功勋卓越。他对石勒分封官职十分不满，便对儿子石邃说：

西安出土后赵砖

"大赵江山是我一手打出来的，大单于应当是我，却居然授给黄吻婢儿，想到此事就令我气愤，寝食不安！等到主上晏驾殡天以后，我一个也不留他。"

建平三年（332）四月，石仆射程遐见石虎父子势力强大，难以防范，便劝石勒除掉石虎。石勒不答应。后程遐联络中书令徐光共同上书，说石虎父子"并据权位，势倾王室，而耿耿常有不满之心"，"臣恐陛下万年之后，不可复制也"。于是石勒开始限制石虎权力，令程遐总执朝政，让太子石弘监督省视尚书奏事，又命中常侍严震参与尚书决策。石虎更加怏怏不乐。

建平四年（333）六月，石勒病危。中山王石虎入宫侍奉赵帝，假传石勒诏令，不准群臣入宫见驾，又遣使召石勒子石宏、石堪回襄国。七月，石勒病情加重，留下遗言说，"大雅（即太子弘）兄弟，应当相互友爱，相互照顾，司马氏就是你们的前车之鉴（指西晋八王之乱）。中山王应当好好学习周、霍，不要被后来人耻笑"。

石勒死后，石虎不听赵帝遗命，挟持太子石弘即皇帝位，执杀程遐、徐光等忠直大臣，命令其子石邃率兵入宫警卫，满朝文武竞相奔散。

八月，石虎强迫石弘封自己为丞相、魏王、大单于，加九锡，总摄朝廷大权。又立其妻郑氏为魏王后，立石邃为魏太子，还将其诸子并封为王。石虎府僚亲属，都被任命为台省要职。石虎挟持石弘干涉朝政，引起后赵宗室极为不满。同月，刘太后与石勒养子石堪商量起兵讨伐石虎。九月，石堪兵败被杀。十月，石生、石朗也起兵攻讨石虎，又被石虎平定。同月，盘据在秦陇的氐帅蒲洪也乘机自称雍州刺史叛赵，石虎在平定宗室的反叛后，派麻秋收复了蒲洪。蒲洪再次降服石虎，被授予光烈将军、护氐校尉。

延熙元年（334）十月，石弘不甘心为石虎傀儡，迫于石虎威势，便自动

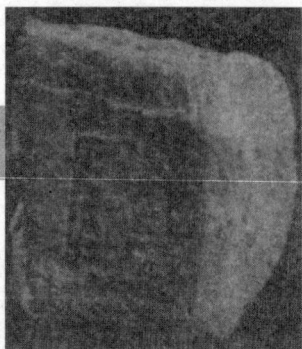

026

请求让位给石虎。石虎说："石弘愚昧昏庸，应当废掉他，怎么能禅让呢！"十一月，石虎派郭殷入宫，废石弘为海阳王。群臣劝石虎即皇帝位，石虎说："皇帝，是功德盛大的称号，不是我能担当的。"于是自称居摄赵天王。不久，又将石弘及太后程氏、石宏、石恢杀死。任命夔安为侍中、太尉、守尚书令，郭殷为司空。次年正月，改元建武。九月，迁都至邺。建武三年（337）正月，石虎称大赵天王，立石邃为天王皇太子。建武十五年正月（349），石虎即皇帝位，改元太宁。

## 晋代名将陶侃卒

咸和九年（334），晋代名将陶侃卒于返乡途中。

陶侃，字士行，庐江浔阳（今江西九江）人，杰出的军事将领，曾先后受命参加讨平杜弢、王敦、苏峻以及祖约之乱；担任过荆州、广州、江州等地刺史。尤其在平定苏峻祖约之乱时，陶侃功劳最为显著，封作长沙郡公，深受晋王朝器重。陶侃晚年自虑满盈必溢，功高盖主必

陶侃像

致祸，便不参预朝政，几次想告老归长沙国。咸和九年陶侃病重，上表辞位得到同意。在返回长沙途中，在樊溪（今湖北武昌西）病故，享年75岁（一说76岁）。

陶侃从军41年，屡建奇功，为平定中原立下汗马功劳。陶侃为人雄毅有权略，明悟善断，没有人能蒙骗他，又谨守吏职，深得上下人心。尚书梅陶非常推崇他，说他"机神明鉴似魏武，忠顺勤劳似孔明"。陶侃死后，晋成帝特下诏褒扬他的功绩。

## 石虎行暴政

后赵延熙元年（333）七月，石勒病卒。石虎挟持太子弘即位，执杀程遐、徐光等忠直之臣。八月，石虎自封为丞相、魏王、大单于，加九锡，总摄军政大权。自此而后，石虎为了巩固自己的政权，为了满足自己穷奢极欲的需要，实施了一系列残暴措施。

石虎为人性残嗜杀。延熙元年十月，石虎废石弘为海阳王，自称居摄赵

天王。随后，又将石弘及太后程氏、石宏、石恢暗地里杀死。建武三年（337）七月，太子石邃认为石虎喜怒无常，暗中准备杀父夺权。事情泄露后，石虎便废杀石邃及妃张氏男女26人，又诛杀石邃同党200多人，并废黜邃母郑后，改立石宣为天皇太子，宣母杜昭仪封为天王皇后。石虎喜营造宫室。建武元年（335），鹳雀台（即曹操所造铜雀台）崩塌，石虎怒杀典匠少府任汪。又派人修复，规模扩大了一倍。建武二年，他令人在襄国建成太武殿，在新都邺城建成东西二宫，都极尽工巧奢华。后又在显阳殿后建造九座殿。建武八年，在邺城作台观40余所，又营造洛阳、长安二宫，征夫匠人达40余万人。他又想在邺城与襄国之间修筑阁道，下令每家3丁征2，5丁征3。各州军中有造甲工匠50余万人，船夫17万人，都是被征发百姓。为了充实宫室，石虎常强征民女入宫。仅在建武十一年（345）正月，就强征民女3万余人。石虎好猎。因体肥不能骑马，便造猎车千辆用以打猎。还把北自灵昌津（今河南延津西），南至荥阳，东至阳都（今山东沂水）的大片土地划为猎场，规定不准百姓伤害其中禽兽，违犯者处斩。为了扩大领土，石虎不惜穷兵黩武，大兴兵役，强加重赋。建武六年（340）九月，石虎为进攻前燕，下令从司、冀、青、徐等七州百姓中五丁取三，四丁取二，在邺城集中凑成50万大军。又征集各类船只万余艘，从黄河通大海，运粮谷100万斛至乐安城。括取民马，规定私藏者处以腰斩，一共得到4万余匹马。荆楚、扬、徐等地百姓不堪重赋，纷纷流叛。石虎又以不能安民为借口，诛杀、囚禁地方官50多人。石虎又立私论朝政之法，允许下级官吏控告上级官吏，奴仆控告主人。结果使朝廷上下人人自危，除以目相视外，彼此再不敢相互交往、交谈。石虎统治后赵期间，赵境内干旱少雨，粮食欠收。建武四年（338）夏，冀州（今河北冀县）八郡更发生蝗灾，米价暴涨，加之石虎用兵不息，大役迭兴，后赵百姓民不聊生，如处水火。

## 王导主晋

　　王导（276～339），字茂弘，琅琊临沂（今属山东）人。西晋末年，王导追随琅琊王司马睿，协助他建立东晋政权，又助他树立君主威信，逐渐得到江南大族的拥护。历仕元、明、成三帝，对东晋政权制度的制定和创

东晋白虎画像砖。是为"四灵"中最凶恶之形象。虎纹两旁，饰连环半圆球纹。

设多有所贡献，官至大司马、丞相。曾受命参加平定华轶、徐龛、王敦、苏峻、祖约之乱。曾两次接受遗诏，做辅国重臣，深得晋帝信任。尤为成帝所敬重。咸康元年（335）三月，王导因病未上朝，成帝亲自到他的府第，看望王导夫妇。同年四月，任命王导为大司马，都督中外诸军事。咸康四年（338）六月，任命王导为丞相，罢司徒官，与丞相府合并。咸康五年（339）七月卒，享年64岁。成帝为他举行了三天丧礼，丧礼之隆重一如汉博陆侯及安平献王旧事，还参用天子之礼。同年八月，晋成帝因王导病卒，又把丞相改为司徒。

王导为人简素寡欲，待人宽厚，虽辅佐元、明、成三帝，但仓无储谷，衣不重帛。在他主政期间，他率领南迁士族，联合江南豪门望族，共同维持东晋政权的稳定。

# 慕容皝建立燕国

（西晋）元康四年（294），鲜卑部落酋长慕容廆率部众徙居大棘城（辽宁义县西），慕容部落开始强大起来。永嘉初年，自称鲜卑大单于。西晋末年，廆建立辽东政权，接受东晋所授单于、平州牧、辽东郡公等封号。

咸和八年（333）五月，慕容廆卒，其第三子皝继位，以平北将军履行平州刺史职责，统领慕容部落。慕容皝生性猜忌，初继位时，用法严峻，国人多感不安；又忌恨庶兄翰、母弟仁及季弟昭。庶兄翰叹息说："我怎能坐以待毙呢？"于是和儿子一起投奔段辽。仁举兵反叛，尽占辽东（今辽宁大凌河以东）。鲜卑段辽以及其他部落也和慕容仁相互声援。咸和九年（334），慕容皝亲自率军征讨辽东，一举攻克襄平，慕容仁所属的居就、新昌等城投降。咸康元年（336）正月，辽东海湾海水冰冻。皝采纳司马高翊建议，率军从昌黎（今辽宁义县）踏冰三百余里，直逼平郭（今辽宁盖县西南）讨伐慕容仁。仁仓皇出战，兵败被擒赐死，其亲信被杀，余部或投降或逃散，辽东遂得以平定。同年六月，辽西段辽派段兰驻屯柳城（今辽宁朝阳南）西南回水，并约定宇文逸豆归攻打安晋为段兰声援。皝亲率大军逼向柳城，先后大败段兰与逸豆归两军。七月，皝派封奕在马兜山伏击段辽，又大获全胜。咸康三年（337）九月，皝接受镇军左长史封奕等人建议，自称燕王。十月，即王位，

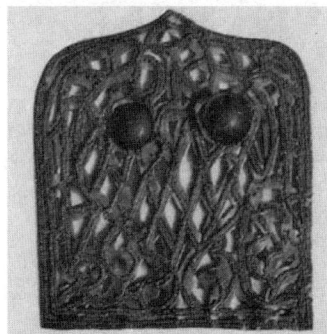

北燕金帽饰

**029**

遣使向（后）赵称藩，以弟汗为人质，求赵兵与燕军一起攻打段辽。十一月，追尊其父廆为武宣王，册立夫人段氏为王后，立子俊为王太子。定都龙城（今辽宁朝阳），弃东晋年号，改称燕王元年。史称前燕。

次年（338）三月，皝率军攻掠令支（今河北迁安）以北诸城，大败段兰兵，斩杀数千人，掠夺了不少人口、畜产。石虎随后率军出击。段辽灭亡。340年，石虎责怪皝未待会师先攻段辽，派兵数十万伐燕。赵兵进逼棘城，围城十余日，无功而退。皝子恪率骑追击，大败赵兵。

建元二年（344）正月，皝攻伐辽西宇文逸豆归，攻破其都城紫蒙川。宇文氏从此散亡。皝收其畜产、资货，又将其部众五千余人迁往昌黎。次年正月，皝分苑田、赐耕牛给贫民百姓，促进了农业生产。从此，前燕进入兴盛时期。

# 后赵兴佛风

后赵建武四年 (338) 鎏金铜佛坐像。这是我国迄今为止所发现的有确切纪年铭文的第一尊佛造像，在中国佛教雕塑史上意义重大。造像高肉髻，通肩大衣，趺坐作禅定印。但就风格上，已明显失去了早期犍陀罗造像的风味，是走向"中国式佛像"汉代进程中的典型作例。额际宽平，下颚部渐收，属犍陀罗系发展而来，但就总体看已大为变异，柳眉杏眼，眼睑刻划细挑深长，鼻梁平和细腻，肉髻平行，且以细线勾丝出发纹。值得提出的是，此像具有的非男非女之相，神情文静，面貌端秀，五指纤长，肥腴的双肩自然下垂。实以女相成为多。

后赵皇帝石勒认为天竺僧人佛图澄能预言成败，因此对他特别信任尊敬。石虎夺取后赵政权后，对佛图澄礼敬更甚，衣食更是优待。每当朝会之日，太子、王公集于殿中，只要司仪一叫"大和尚"，众人就都起立敬拜。

石虎还命令司空李农早晚去问候佛图澄的日常起居，让太子、诸王公每五天上朝一次。于是境内百姓多信奉佛教，争相建造寺庙，竞相削发出家，其中更有些人为了逃避赋役才遁入空门。建武元年（335）九月著作郎王度上书，奏请禁止信奉佛教，凡出家做沙门者，都令他还俗。但是石虎不予采纳，还准许境内百姓自由选择宗教信仰。从此以后，后赵佛教更是大为盛行，建造寺院达 893 所。

# 干宝撰写《搜神记》

东晋年间，史学家干宝根据历代神话传说，编撰了中国第一部志怪小说集《搜神记》。

干宝（？～336），字令升，新蔡（今属河南）人，东晋初著名史学家，曾以菱郎领国史，著《晋纪》，记西晋一代史事，今佚，仅存片断。《晋书·干宝传》说他有感于生死之事，"遂撰集古今神祇灵异人物变化，名为《搜神记》"。据《晋书·干宝传》所记，此书原为 30 卷，传至宋代已经散佚。今存 20 卷本，可能为明代胡元瑞等人重辑。另外，也叫作《搜神记》的，还有两本。一是商浚《稗海》8 卷本的《搜神记》，一是句道兴残本《搜神记》。8 卷本亦传为东晋干宝撰，有人认为是赵宋以后人据北魏县永《搜神论》残卷增补而成的。句道兴本出于敦煌石室藏书，残存 1 卷，题句道兴撰，作者及成书年代均无从考知。

《搜神记》所记多为神怪灵异，但也保存了不少民间传说。如《韩凭夫妇》、《李寄》、《干将莫邪》等篇，《干将莫邪》写楚人干将莫邪为楚王铸剑，三年剑成，却被楚王盛怒杀死。其子子赤立志报仇，不惜自刎，托头于山中客，山中客持头往见楚王。"王大喜，客曰：'此勇士头也，当于汤镬煮之'。王如其言煮头，三日三夕不烂，头踔出汤中，瞋目大怒。客曰：'此儿头不烂，愿王自往临视之，是必烂也。'王即临之，客以剑拟王，王头随堕汤中。客亦自拟己头，头复堕汤中。三首俱烂。"惊心动魄，壮气淋漓。

《韩凭夫妇》写宋康王见韩凭的妻子何氏美丽，强加抢夺，并迫令韩凭服劳役，逼得二人先后殉情自尽。何氏留下遗言，请求与韩凭合葬一处。而宋康王却说："尔夫妇相爱不已，若能使冢合，则吾弗阻也。"就在宿昔之间，两棵梓

东晋青瓷褐斑鸡首壶

木从两冢中长出来,树干相交,根于地下缠绕,树枝也牵连在一起,人称之为"相思树",树上又有鸳鸯一对,晨夕不肯离去,交颈悲鸣,音声感人。

本书篇幅较大,所收内容多有价值,在六朝志怪小说中占有重要地位,被当时人刘恢称为"鬼之董狐"。

## 马铠传入中国

西汉初年,在伊朗的影响下,中国的铁铠开始在大型甲片的札甲之外,使用 中、小型甲片连缀的鱼鳞甲,使军事装备有所增强。东汉末年,袁绍和曹操在官渡大战,双方的军队中都装备有少量马铠,是马铠在中国战场上的初次使用。到四世纪的北方战场上,使用的铠马常多达几万匹。并由中国的发展改进深刻影响了朝鲜半岛和日本的军事装备发展过程。

336年,前燕慕容仁的司马冬寿,在与慕容跣的战争中失败,逃亡到朝鲜半岛,将人马都披铠甲的重装骑兵——甲骑具装传到这里。357年,冬寿死于高句丽,墓葬的壁画上饰有晋代传统的甲骑具装图像。骑士披小型长方形甲片编缀的挂甲,马铠的马面帘额部有三瓣花饰,并有护颊的圆形护板,是中原地区早期所具的形态。

匈奴、鲜卑等北部、西部少数民族军在古波斯的带引下使用人马都披铠甲的重装骑兵。在与东晋王朝相对的十六国时期,这些少数民族大量地进入中原地区,使重装骑兵不仅大量出现在黄河流域,并迅速推广到长江中下游。

古波斯使用的环锁铠,也传到新疆境内的龟兹、焉耆等少数民族。吕光征伐西域时,见到当地军队使用的铠甲一如连锁,能抵御强弓利箭的射击,感到很惊讶。

五世纪中叶,中国境内无论北朝还是南朝,马铠在战争中都普遍使用,而且马铠的形制已由早期的斜倾额上的三瓣花饰和采用护颊的圆板,变成整套在马头上的面帘,并改用向上竖立装缨的插管。

日本的铁甲、铁铠、马铠等军事装备都传自中国大陆,因此从日本的这些军事装备的发展情况可以推究中国在这方面的发展历程。四世纪初,日本从木甲跳过其他金属甲胄时期,开始使用铁甲,一出现便是短甲,代表了古坟时期铁铠甲的

南北朝时期重甲骑马俑

初级阶段，并成为以后日本铠甲的主要类型。五世纪中叶以后，开始出现挂甲，并逐步取代了短甲，代表了古坟时代铁甲发展的第二阶段。同时又突然出现了成套的马具和马铠，这是日军军队在同朝鲜半岛的高句丽的军队作战得来的教训，他们的挂甲无法抵敌高句丽军队使用甲骑具装的重装骑兵，不得不引进重装骑兵的装备和良种战马，组建重装骑兵部队。

## 重甲骑兵出现

南北朝时期出行骑马俑

魏晋南北朝时期，群雄争立，战事频繁。北方游牧民族对中原文化的冲击，和对峙的南北政权之间的战争的需要，以及兵器制作技术的进步，促成了军队兵种构成的变化和武器装备的发展。重甲骑兵的出现并迅速成为陆军主战兵种就是这种变化和发展的主要体现。

具体说来，重甲骑兵是中原私人部曲和北方游牧军队相结合的产物。私人部曲是豪强世族拥有的私人武装，首先出现于东汉晚期，到魏晋南北朝时期，已常常构成军队的核心力量。豪强世族们凭借自己雄厚的财力以及中原相对发达的冶炼技术，制作并储存了大量的铠甲与兵器，以装备自己的部曲。如晋桓尹家就存有马的装具百余副、步兵铠甲500副。然而考古发现表明，当时的私人部曲骑兵数量并不多，更谈不上是重甲骑兵了。重甲骑兵的出现，与西晋末年到十六国时期，游牧民族进入中原地区密切相关。游牧民族拥有优良的马匹和技艺娴熟的骑士，实行民族军事制度。他们进入中原后，利用汉族世族已存的优良装备，配以自己的骑兵武装，于是组成了一个令人生畏的新兵种——重甲骑兵，从而使我国古代骑兵发展到了一个新阶段。

重甲骑兵，就是人、马都披甲的骑兵，又称甲骑或铁骑。其特征是骑手披甲戴胄，战马挂护铠甲。其装备可分作四类，即马具、马铠、骑士铠甲和格斗兵器。马具是骑兵在战马上保持平衡、稳定的坐具。东汉时期已出现了制作精致的马鞍，魏晋南北朝时期则创制了马镫，到十六国时期，马镫已普遍运用。马镫与马鞍的配套使用，使骑兵与战马能很好地结合在一起，战斗中更加行动自如。马铠是专为战马披裹的铠甲，又称作"具装"铠。骑兵的格斗兵器，在三国时期仍与汉代一样多用戟。到南北朝时，尽管戟有所改进，

但仍逐渐为长体双刃的马稍所替。而另一种骑兵主要格斗兵器则是长刀，当时的刀据载达七尺长，多为柄首带扁圆大环的直体刀。

　　由于重甲骑兵装备齐全且坚固锐利，因而具有较强的防护能力和集团冲击力，在对防护较差的轻装骑兵和步兵作战时，往往形成排山倒海、势不可挡般的冲击效果。当时，两军对垒常常均以重甲骑兵作为主要进攻集团。其使用方法，多置成方阵，实施正面集团冲击或防护。为使队形保持集中，常常以铁链等物将战马联为一体，这时远射兵器往往无法对之造成大的杀伤效果，战斗常以近距离格斗的方式进行。

　　重甲骑兵虽然颇具威力，但也有不可克服的弱点。一是由于人、马负荷过重，骑兵特有的快速机动、灵活使用的特点难以得到发挥；二是臃肿、笨拙的阵形，对地形条件要求很高，也限制了它的作战效力的发挥。因而随着时代的发展，重甲骑兵逐步消亡，至唐代已为轻装骑兵所代替。

## 拓跋什翼犍建立代国

　　建兴四年（316），代王猗卢死去，拓跋氏诸部内乱纷纷，部落离散。咸和四年（329），翳槐被诸部大人推为代王。当时，代国南境敌人（后）赵非常强大，为了换取南方边境安宁，翳槐派其弟什翼犍去赵国都城襄国，作为人质，并迁徙五千余家相从。

　　建武元年（335）代王拓跋翳槐因内乱投奔后赵大将李穆，三年后，故旧部落纷纷归附，代王纥那逃到燕国，拓跋翳槐得以复国。咸康四年（338），翳槐病死，命诸部大人立其弟什翼犍为代王。而国内诸部大人认为什翼犍远在他国，未必能回来，便改立其次弟拓跋孤。拓跋孤坚决不同意接受，亲到赵都邺城（今河北磁县东南）以身赎什翼犍。十一月，19岁的什翼犍在繁畤（今山西应县东南）北即代王位，改元建国。什翼犍继位后，仿效中原政权，始置百官，分掌众多事务，并制定反逆、杀人、奸盗法律。在他的治理下，大转当初猗卢死后代国内乱，部落流散，国势衰微的景象，国内政事清简，号令严明，百姓以安居乐业，国力渐强。国境东起沙貊（今朝鲜元山至春川处），西到破落那（今苏联费尔干纳盆地），南临阴山（今内蒙古包头北），北至沙漠，有部众数十万人。

　　次年（339）五月，什翼犍在参合陂（今山西大同东南）召集诸部大人，商议定都之事。代建国三年（340）三月，定都于云中盛乐宫（今内蒙古和林格尔）。

# 凉伐龟兹、鄯善收服西域

鄯善国佉卢文文书。佉卢文全称佉卢虱咤文。从印度经贵霜人传来，公元二至四世纪，流行于西域城邦国家鄯善（今新疆若羌）和于阗（今新疆和田）。这大概是中国少数民族的先民使用汉文以外文字的最初尝试。这种文字由音节字母组成，由左横书，字母不连字，字与字之间无间隔，亦无标点符号。图为新疆和田地区采集的佉卢文文书。

前凉建兴二十三年（335）十二月，（前）凉代龟兹、鄯善，西域诸国皆降，分置沙、河两州。

张骏为张寔子，少时淫纵无度，建兴十二年（324）继位后，厉操改节，勤修改事。十四年（326）为避（前）赵攻逼，徙陇西、南安定民2000余家于姑臧。翌年（327）五月，乘（前）赵败于（后）赵，自去（前）赵官爵，复称晋大将军、凉州牧。发兵击擒戍己校尉赵贞，在其地置高昌都。十月，刘曜攻拔令居、振武，一度占据（前）凉河南地。十八年（330）五月，张骏乘（前）赵之亡，又收复河南地，置武街、石门、候和、澧川、甘松5屯护军，东与（后）赵接壤。六月，石勒为邀结张骏，欲拜骏为凉州牧，骏耻为赵臣，拒而不受，仍然称臣于晋。当时仇池杨氏归附（东）晋，张骏以仇池为通道，每岁与建康通使不绝。但张骏未用江东正朔，一直沿用司马邺（西晋愍帝）的建兴年号。

本月，张骏遣将杨宣越流沙，代龟兹、鄯善，西域并降。（前）凉尽有陇西地，士马强盛。焉耆、于阗等西域诸城邦竞派使者贡物结好于凉，献汗血马、火浣（石棉布）、犁牛、孔雀、巨象及诸珍异物品200余种。张骏又分州西3郡置沙州，治敦煌；州东3郡置河州，治枹罕。凉州自张轨以来军无宁岁，张骏时境内渐安，实现刑清国富。

西域高昌故城遗址

# 东晋

**342A.D.** 晋咸康八年 汉（成）汉兴五年 后赵建武八年 燕六年 代建国五年 前凉太元十九年

十一月，鲜破高句丽，入丸都，高句丽王钊遁，房五万余口而还。十二月，石虎大兴土木，百姓怨愁。密教传入中国。

**344A.D.** 晋建元二年 汉成李势太和元年 后赵建武十年 燕八年 代建国七年 前凉太元二十一年

慕容皝击宇文逸豆归，大克之，逸豆归走死漠北，宇文部散亡。九月，晋康帝死，皇太子嗣，皇太后褚氏临朝称制。

**347A.D.** 晋永和三年 汉（成）嘉宁二年 后赵建武十三年 燕十一年 代建国十年 前凉永乐二年

三月，桓温入成都，李势降，汉亡。隗文等立范贲为皇帝。又大败。石虎发前代陵墓取珍宝，又发男女 16 万人。

**349A.D.** 晋永和五年 后赵太宁元年 燕十三年 代建国十二年 前凉永乐四年

正月，赵天王石虎称皇帝。石虎死，太子世嗣。五月，世兄石遵杀世自立。十一月，赵武兴公石闵废杀石遵，立义阳王石鉴，闵为大将军。十二月，石闵囚石鉴，大杀胡羯。

书法家卫夫人去世。

**350A.D.** 晋永和六年 卫李闵（石闵、冉闵）青龙元年 魏（冉）永兴元年 燕十四年 代建国十三年 前凉永乐五年

正月，石闵更国号曰卫，易姓李，改元青龙，国内大乱。闰正月，卫李闵杀石鉴，并杀石虎 28 孙，石氏几尽。闵自立为皇帝，改元永兴，国号魏。赵新兴王石祇即皇帝位于襄国，改元永宁。七月，鲜卑段龛据广固，称齐王。符健自称晋征西大将军，都督关中诸军事、雍州刺史，拥众入关。十一月，符健入长安。

**350A.D.**

波斯人击败罗马人，夺回亚美尼亚，基督教传入阿比西尼亚。

# 东晋册命慕容皝

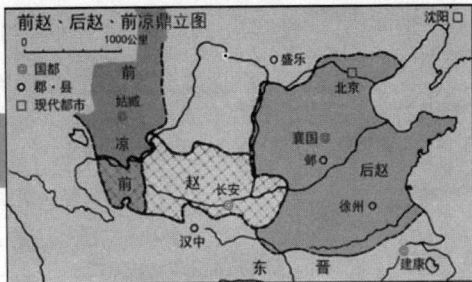

前赵、后赵和前凉鼎立图

东晋咸康七年（341）二月，晋成帝封慕容皝为大将军、幽州牧、大单于、燕王，并以其世子慕容俊为安北将军、东夷校尉、左贤王，又封赐功臣百余人，和大量军资器械。

东晋成帝咸和八年（333），慕容廆去世，子皝继位，并自称燕王。皝自称燕王后，由于未受晋册封，于是于咸康五年（339）冬派长史刘翔、参军鞠运到东晋献捷论功，并游说晋廷册封。七年（341）二月，刘翔等至东晋都城建康，晋成帝召见，刘翔于是为燕王皝谋求大将军、燕王章玺。然而朝臣议论纷纷，认为历来大将军不处边，异姓不封王，所求不能同意。对此刘翔虽巧词善辩，一一驳之，可是刘翔姊夫尚书诸葛恢仍持异议，认为唯有权与功名，不可轻易许诺。众议未决。刘翔于是又私下游说中常侍或弘，又碰上慕容皝以庾氏兄弟专横上表要求罢免其职，庾冰因此而担惊受怕，便与何充等上奏，主张满足慕容皝的请求。成帝同意，并任命慕容皝为使持节、大将军、都督河北诸军事、幽州牧、燕王。随后又派大鸿胪郭悕持节与刘翔等至棘城册命燕王。同年七月至燕，刘翔等也受封赏。晋永和元年（345），燕王慕容皝认为古代诸侯即位，各称元年，于是不用东晋年号，自称燕王十二年。从此燕国不再侍奉晋廷。

# 石虎攻凉·出师不利

后赵建武十二年、前凉建兴三十四年（346）五月，前凉王张骏刚死，后赵石虎就乘丧攻打前凉。次年四月，前凉张重华挫败石虎大军，维护前凉兴盛局面，后赵则加速衰落。前凉建兴三十四年（346）五月，张骏去世，子重华继位。石虎乘张骏刚死、重华年纪轻，便派凉州刺史麻秋、将军孙伏都攻打金城（今甘肃兰州）。前凉

前凉金错泥筒

**037**

太守张冲投降，凉廷震惊。重华命将军裴恒率兵固守广武（今甘肃永登）；将军谢艾率步骑兵5000攻击麻秋，并在振武击败麻秋。次年四月，麻秋又攻枹罕（今甘肃临夏），架云梯，挖地道，一度突入城中。前凉校尉张璩率诸将力战，杀退赵兵，烧毁赵军攻城器械。于是，石虎派石宁率兵2万增援麻秋。谢艾率步骑3万在大河边迎击。暗中派遣别将张瑁从小路截断赵军后路。赵军撤退，谢艾乘势进攻，大破赵军。麻秋单骑逃往大厦（今甘肃临夏西南）。五月，麻秋、石宁又来攻掠晋兴郡（今青海民和）诸县。七月，石虎又派遣援兵和麻秋会合，渡过河后长驱直入，想直扑姑臧（今甘肃武威）。谢艾建牙誓众，大破麻秋军，麻秋逃回金城。石虎闻讯，感叹说："我以偏师定九州，今以九州之力困于枹罕。彼有人材，未可图也。"前凉抗击后赵，力战而胜。（前凉）建兴三十七年（349）九月，凉州官属向晋朝上表，共推张重华为丞相、凉王、雍秦凉3州牧。此时前凉疆域，南逾河、湟，东至秦、陇，西包葱岭、北及居延，正值兴盛时期。

## 东晋实行土断政策

东晋咸康七年（341）四月，晋成帝下令实行土断。

西晋末年，中原战乱，司马睿在江南建立东晋政权，北方王公士庶纷纷南下侨寓江左。其侨置郡县境界无定，并享有优惠的租税徭役政策，北来侨民渐获安定，生产亦得到发展。但侨人居处分散，版籍混乱，难以管理，且士族广占田园，严重影响了晋廷财政收入。为此，晋成帝下诏实行"土断"之制，命令废除侨置郡县，王公以下至平民百姓均以土著为断，将其户口编入所在郡县，注入白籍，以示与土著黄籍区别，加强了对侨人的户籍控制。实际上，东晋于咸和年间已实行"土断"

东晋铜俑。铜俑头部椎髻，戴护耳冠，面部微仰，笑容可掬。左手持莲花。雕塑的技法非常娴熟、细腻。莲花是佛教的象征，这件俑手持莲花，当是与佛教有关的人物形象。

东晋虎首戴人首蛇怪兽画像砖

之策，但其详情史籍失载。咸康年间的"土断"是第二次"土断"。

实行"土断"设立"白籍"之后，官府根据户籍收赋税，征兵役，致使侨人负担加重，破产者甚多。为逃避赋役，有的侨人隐匿不报户籍，有的则向世家大族寻求庇护。鉴于此，桓温在兴宁二年（364）三月一日下令，搜查世族庇护的侨人。史称"庚戌土断"，也就是东晋第三次"土断"。此次土断主要指向世家大族。此后史称"财阜国丰"，显示了"庚戌土断"的卓越成效。

# 石虎死·后赵大乱

后赵太宁元年（349）四月，石虎病死，后赵内部争权夺利，自相残杀，后赵大乱。

石虎病亡后太子石世继位，尊刘氏为皇太后，临朝称制，并以石遵、石鉴为左右丞相。石遵自李城举兵反叛进兵邺城，杀张豺，废石世，即皇帝位。不久，又杀石世及其母刘太后。石遵尊其生母郑氏为皇太后，立妃张氏为皇后，以原燕王石斌之子衍为皇太子。对李农、石鉴、石冲、石苞、石琨、石闵等都有分封和奖赏。但沛王石冲听说石遵杀石世自立，于是率军从蓟（今北京南）向石遵进攻，但不久败在石遵将石闵手下，李农、石冲被赐死。至此，后赵政权遂归于石遵。但是，由于石遵杀石世自立，事先曾许诺以石闵为太子，而事后却立石衍，石闵怨恨。石遵心腹也劝石遵防石闵有异心。石遵于是召石鉴、石苞、石琨、石昭等人策划消灭石闵。

而石鉴却暗中派人告诉石闵，石闵于是在四月十一日派苏彦、周成率军将石遵、郑太后等在邺城琨华殿斩杀。随后拥立石鉴即位。而石鉴虽对石闵优礼有加，却又暗中计划除掉石闵。当时石虎另一子石祗及石成、石户等见石闵专权，心中不满，纷纷起兵。石闵也针锋相对，先击杀孙伏都、刘铢等羯军，控制石鉴，后下令胡羯等六夷如果以武力对抗，立斩不赦。石闵知道胡人不可能为自己所用，于是放赵国境内汉人进城，并下令汉人斩杀胡羯一人，文官进位三等，武官拜牙门。因此，汉人大杀胡羯，

成汉陶侍俑、陶文吏俑

不论贵贱等级、男女老少，一时间被杀的胡羯人多达20余万。石闵大杀胡羯后，于太宁二年（350）正月将后赵国号改为"卫"，更姓李，改元青龙，从而导致国内大乱。文臣武将一致反对，赵庶、张举、张春等公卿将校逃往襄国（今河北邢台西南），石琨、张沈、张贺度以及姚弋仲、苻洪等也各据一方，与李闵对抗。不久，石琨、张举、王朗等率军向邺城攻击，赵帝石鉴也想乘机里应外合，但被李闵抓获。闰正月，李闵杀石鉴，并杀石虎28孙，铲灭石氏家族。李闵于是自立为皇帝，改元永兴，国号"大魏"，史称"冉魏"。三月，李闵又改姓冉，尊其母王氏为皇太后，立妻董氏为皇后，冉智为皇太子，其余诸子都进爵为王。

冉闵篡赵建魏，引起石祗的激烈反对。冉闵杀石遵时，石祗与姚弋仲、苻洪等联兵声讨。等到冉闵称帝，石祗也于次年三月在襄国即帝位，并改元永宁。四月派石琨率兵10万进攻冉魏，六月被冉魏将军王泰击败。十一月，冉闵又率步骑10万进攻赵国都城襄国。永兴二年（351）二月，石祗被迫除去皇帝之号，称赵王，并向前燕和姚弋仲求援。冉闵腹背受敌，败逃回邺城。三月，石祗派刘显率兵7万攻打邺城，冉闵背水决战，大获全胜，刘显投降。冉魏得以保全。

## 桓温伐蜀·成汉灭亡

成汉嘉宁元年（346）十一月，东晋荆州牧桓温率益州刺史周抚等西征成汉，次年三月，成汉败亡。

桓温，谯国龙亢（今安徽怀宁西北龙亢集）人，被授予驸马都尉之职。永和元年（345），他继庾翼之后担任都督荆梁4州诸军事、荆州刺史等职。桓温具有雄才伟略，志在西取成汉，北伐中原。

晋永和三年十一月，桓温乘成汉内乱之际，率益州刺史周抚、南郡太守谯王无忌讨伐成汉李势，并以袁乔为前锋。次年（347）二月，桓温大军到达青衣（今四川青神）。汉主李势派其叔父李福、堂兄李权、将军昝坚等迎击晋兵。三月，桓温采纳袁乔的建议，避开对方主力，亲自率领大军直逼成都，与汉将李权三战三捷，接着又大破李势之众，乘胜长驱直入成都。李势见大势已去，趁夜出逃，随后又派人向桓温投降。桓温将李势及宗室10余人押送至建康，晋封李势为归义侯。升平五年（361），李势死于建康，成汉亡，立国共计47年。

成汉虽亡，但蜀乱不止。永和三年（347）三月，李势被押送建康后，原成汉尚书王誓等举兵造反。叛乱平定后，桓温收兵退回江陵。汉将中邓定、隗文等乘机入据成都，立范长生之子范贲为帝，以图重振旗鼓。十二月，晋振威护军萧敬文乘机攻陷涪城杀征虏将军杨谦，自称益州牧，与晋脱离关系，不久又进据巴西（今四川阆中）。永和八年（352）八月，桓温派司马勋协助周抚，攻占涪城，杀萧敬文，叛乱至此结束，蜀地逐渐出现了安定的局面。

# 西域高僧佛图澄圆寂

后赵建武十四年（348）十二月八日，高僧佛图澄在邺宫寺圆寂。

佛图澄（232 ~ 348），十六国时期后赵高僧，西域龟兹（今新疆库车）人，本姓帛，小时候学道，妙通玄术。进入内地前，曾一度住在敦煌。永嘉四年（310）至洛阳，正好碰上刘曜攻打洛阳，于是隐住民间。永嘉六年（312），在葛陂（今河南新蔡北）目睹石勒部将滥杀无辜，想以道术感化石勒，便投身军门，以道术获得石勒信任，对其多有辅导。

佛图澄虽未读过经史汉籍，却能够与儒生学士辩论。因为他学识渊博，且热心讲导，内外著名高僧如竺佛调、须菩提、释道安、竺法

明月旦堂《仙佛奇踪》佛图澄像

雅等，也远道慕名而至，跟从他受学。门下受业者常有数百人，前后门徒近万人。石勒称赵天王后，称佛图澄为"大和尚"，对其十分敬重，有事必咨询其意见而后实行。石勒死后，佛图澄又深得石虎信任重用，穿绫锦，乘雕辇。朝会之日，佛图澄乘舆升殿，常侍以下官员都协助推舆，太子诸公扶翼而上，主掌人唱"大和尚到"，众官员都起立恭迎。石虎又嘱咐司空李农日夜问候，太子诸公每5日探视，其所享受待遇无人能及，以致后赵举国崇信佛教，大肆营造寺庙，竞相出家，一时成为风尚。佛图澄在赵国所经州郡共建立佛寺893所，创佛教传入内地后的最高纪录。石虎更是以佛为"戎神"，明令百姓信佛出家，这也是中国历史上的第一次。

此外，佛图澄还参与后赵国政，对一些问题常有决定性意见，对后赵政局影响非常大。

## 梁犊起义

后赵太宁元年（349）正月，高力（卫士）梁犊在雍城（今陕西凤翔南）率戍卒起义。

后赵建武十五年（349）正月，赵王石虎称帝，改元太宁，诸子都进爵为王，自去年石虎废除并杀害太子石宣后，石虎又下令将东宫高力万余人谪戍凉州。途中行至雍城，又下令雍州刺史张茂押送。张茂于是将高力们的马匹全数抢去，逼迫高力们推粮车前行，高力们怨愤不已。梁犊遂乘机起事，在雍城率领戍卒起义，并自称

卫夫人书迹摹本

晋征东大将军。秦雍戍卒都纷纷响应。梁犊率众攻拔下辨，击杀赵军，所向披靡，归附的人多达10万。在长安击败后赵东平王石苞，又率军东击潼关直逼洛阳，于新安（今河南渑池东）及洛阳两次大败后赵大都督李农所统10万大军。石虎惊慌，急忙以燕王石斌为大都督，起用姜族首领姚弋仲及氐族首领苻洪等人镇压，并在病中授姚弋仲使持节、征西大将军，赏以铠马等物资。姚弋仲与石斌等于是与梁犊在荥阳（今河南荥阳东北）决战，义军不敌而战败，梁犊也被杀，义军不久被镇压下去。姚弋仲因镇压有功而获"剑履上殿、入朝不趋"等殊荣，又被进封为西平郡公。苻洪也被封为车骑大将军、开府仪同三司、都督雍、秦州诸军事、雍州刺史等，不久又被进封为略阳郡公。

梁犊起义虽然失败，但其震撼了后赵的统治，加速了后赵的灭亡。

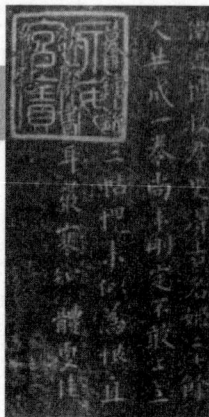

## 书法家卫夫人卒

东晋永和五年（349），女书法家卫夫人去世。

卫夫人（272～349），名铄，字茂漪，河东安邑（今山西夏县北）人，书法名家卫伯玉族孙女，（东）晋初汝阳太守李矩妻。

卫夫人拜钟繇为师学习书法，并受到祖辈的影响，擅长楷、行、篆、隶书，楷体造诣尤高。王羲之少时曾从她习书法。相传她

晋庄园生活壁画

著有《笔阵图》（或以为王羲之撰，或以为六朝人伪论）一书，阐述执笔、用笔方法。她形像地比喻7种笔画的写法为：横（一）应像"千里阵云"；点（、）应像"高峰坠石"；撇(丿)应像"陆断犀象"；弯勾（乚）应像"百钧弩发"；竖（丨）应像"万岁枯藤"；捺（乀）应像"奔浪雷奔"；折勾（𠃌）应像"劲努筋节"。卫夫人认为写字时，下笔点墨，画芝波屈曲，都须尽一身之力运笔送笔。她说，善笔力者多骨，不善笔力者多肉。多骨少肉者叫筋书，多肉少骨者叫墨猪。多力丰筋者圣，无力无筋者病。

东晋玄武画像砖。江苏省镇江市郊农牧场出土。玄武为"四灵"（朱雀、玄武、青龙、白虎）之一。"四灵"之神在汉代极为崇拜，为汉壁画中常见题材。而此墓出土有"四灵"画像砖多件，仅"玄武"就出土有六方。这表明"以四灵正四方"的传统宗教观念，时至东晋末年仍很流行。此砖一幅一像，形象集中突出，以单色涂成，古朴生动。在玄武旁有隶书两行。

唐代张怀瓘《书断》中将她的隶书列为妙品，并评述其书法为婉然芳树，穆若清风。她的书法真迹早已失传，仅北宋《淳化阁帖》中存有行楷8行96字。

## 楷书发展成熟

魏晋南北朝时期，楷书逐渐衍变成熟，成为一种独立的书体，直接启隋唐正楷。

早在汉代，楷书已见雏形，西汉时某些隶书和楷书很难区分，《宣和书谱》说："西汉之末，隶字石刻间杂为正书。"到东汉隶书的波挑的体势不断加工，正式发展成为一代书体。但因隶书程式化带来的书写不便，楷化在书体上逐步成为一种强烈的趋势。东汉建初年间，王次仲"始以隶字作楷法"，喜平元年朱书解殃瓶题字，熹平二年瓦罐题字，都可见隶楷的递变轨迹。

三国吴凤凰元年（272），立于湖南来阳杜公祠的《吴九真太守谷朗碑》（简称《谷朗碑》），字体结构虽仍有隶书痕迹，但笔法已初步具备了楷书的特点，也可以说是最早的楷书碑刻。

魏初钟繇（151～230）工书，兼善各体，尤精楷书。历代评论他的楷书纯朴古雅，刚柔备至，"无晋唐插花美女之态"，"秦汉以来，一人而已"。近人认为钟繇创秦汉以来所未有的楷法，可谓楷体之祖，对汉字的定型有很大贡献。《宣示表》是钟繇楷书的代表作，字形扁方，笔法厚重古朴，结字

晋写经残卷

动荡中的文明

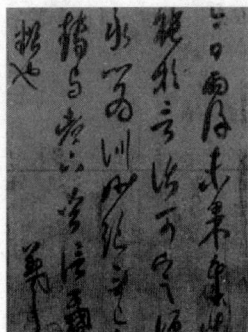

东晋王羲之草书《雨后帖》

茂密，若飞鸿戏海、舞鹤游天，《宣和书谱》称"备尽法度，为正书之祖"。唐人孙过庭《书谱》将他与东汉书家张芝并称。阮元在《南北书派论》中认为，南、北书体两派都以钟繇为师，可见他在中国书法由隶变楷过程中的重要地位。

晋代书法在钟繇的楷体影响下，所存碑刻书体都明显体现出楷书从隶体中分离的趋向。传世的《广武将军碑》书以方格为栏，字方正有稚气，带有楷书体势；《好太王碑》字行间坚刻界格，字体端庄纯厚，处于隶楷之间；《爨宝子碑》朴厚古茂，书法正楷，"可以考见变体源流"。这三处碑刻最能反映由隶变楷的轨迹。

东晋王羲之（203～361），被书家誉为"书圣"，他年少时跟从卫夫人学书，卫夫人最善钟繇笔法，后来羲之又精研其叔父王导珍藏的钟繇楷书杰作《宣示表》，使楷书形成新的体势，完成了由篆到楷的转变。《乐毅论》是羲之的楷书代表作，它的用笔结体与钟繇的《宣示表》差别很大，钟繇"楷法去古未远"，还有浓厚的隶味，王氏则已完全从隶体中脱略出来，楷味十足。《乐毅论》曾是他的第七子王献之学书的范本，但献之的楷书"穷微入圣，筋骨紧密"，不仅完全摆脱了汉魏波磔的隶法，而且在钟繇、羲之的基础上更有创新，改横势书体成纵势书体，最终完成了今楷书体的衍变。《洛神赋十三行》就是这种新体的杰出体现。

二王之后，又经南北朝学书人的巩固加强，楷书终于发展成熟，并在隋唐取代隶书成为正式的书体，一直延用到现代。

## 《华阳国志》首创中国地方志

《华阳国志》又名《华阳国记》，常璩撰于东晋穆帝永和四年（348）至永和十年（354）之间，它记述巴蜀地区历史、地理、人物的著作，是中国第一部地方志。

常璩，字道将，生卒年不详，蜀郡江原（今四川崇庆东南）人，成汉李

东晋常璩撰《华阳国志》书影。十二卷，附录一卷，包括巴、汉中、蜀、南中等十二志。记载远古到东晋永和三年（347）间巴蜀史事。

势时官任散骑常侍，掌管著作；桓温灭李氏后，任参军，随至建康。常璩著《华阳国志》，一是为桑梓情浓，二是为政治说教。他说史书"历代转久，郡县分建，地名改易，于以居然辨物知方，犹未详备"，又"李氏据蜀，兵连战结，三州倾坠，生民歼尽"，"桑梓之域，旷为长野"，担心乡梓历史被湮没。而且撰书可"防狂狡，杜奸萌，以崇《春秋》贬绝之道也；而显贤能，著治乱，亦以为奖劝也"。

《华阳国志》记述起于远古，迄于东晋穆帝永和三年（347），凡12卷。1～4卷为《巴志》、《汉中志》、《蜀志》、《南中志》，记梁、益、宁三州的历史概况，以地理建置，自然状况为中心，详述各州的山川、交通、风土、物产、民俗、族姓、吏治、文化以及同秦汉、三国、两晋历代皇朝的关系。每卷有总叙，下有33郡分叙。5～9卷是《公孙述刘二牧志》，记公孙述、刘焉、刘璋事；《刘先主志》、《刘后主志》记刘备、刘禅事；《大同志》记三州西晋的史事，起于魏之破蜀，迄于晋愍帝建兴元年（313）三州大部被李雄占据；《李特雄期寿势志》记李氏起事至灭亡。这五卷是三州自东汉末至东晋初的编年史。10～11卷是《先贤士女总赞》（上、中、下）和《后贤志》，前者记蜀郡、巴郡、广汉、犍为、汉中、梓潼士女300余人；后者记两晋三州人物20人。卷12为《序志并士女目录》，收入401人，其中1/3不见于卷10和卷11；《序志》阐明撰述旨趣、所据文献及各卷目录提要。

《华阳国志》在编撰上自成体系，它把三州的历史面貌、政治变迁、不同时期的人物传记，由远而近、由广而微编纂成一书，集中记述了东晋初年以前梁、益、宁三州的历史，是本时期地方史的杰作。它体例上受《史记》、《汉书》影响最大，资料则一是参考皇朝正史，二是参阅地方史志，三是本人考察搜集的素材。

《华阳国志》1～4卷对西南30多个少数民族或部落的名称及分布的记述，特别是一些部族的历史、传说、风俗及与汉族皇朝关系的记载，为研究民族

的起源、迁徙历史等，提供了非常有价值的线索和根据。

《华阳国志》编纂内容详尽审慎，体例疏密有致，它的史学成就使其在历 1600 多年后仍独放异彩，成为今人了解古代西南地区文明发展的重要史料，隋唐以后的史家修史，更以它为重要参据史书。

## 东晋与拜占廷建交

347 年，东晋王朝占领巴蜀以后，通过张氏前凉政权，正式与拜占廷建交。

早在西汉时期，中国就同古罗马帝国有往来。他们称中国为赛里斯国，意思是"丝国"。

随着丝绸之路的开辟与日趋繁盛，中国与罗马的贸易关系越来越密切。三世纪初，三国曹魏增辟了与罗马交往的新北道，由玉门关转向西北，通过横坑（今库鲁克山），经五船以东转西进入车师前部（哈拉和卓），然后，转入天山北麓，穿越乌孙、康居、奄蔡，便可渡黑海或越高加索山脉和罗马帝国相通，最后到达帝国的新都拜占廷。

拜占廷是罗马皇帝君士坦丁（306～337）执政期间建成的新都，拜占廷人通常以拂菻（首都）自称。313 年，前凉张轨执政时，经西胡转手，得到拂菻制作的拜占廷金胡瓶两件，式样奇特，高与人齐。这是拂菻的名字首次在中国露面。晋穆帝（345～361）时，拜占廷使者来到长江流域晋王朝统治地区。363 年，晋哀帝司马丕也向拜占廷派出使者，并通过河西汉族政权，使双方在丝绸贸易上达成协议，保证了通往拜占廷的丝绸之路的畅通。

东晋与拜占廷的正式的国家间交往，不仅使丝绸的供求交易更加便利，而且输送交流了其他的文明，影响各自历史的进程。

但是，370 年凉州张氏和吐谷浑被迫服从前秦，通往河西的路被阻塞，东晋与拜占廷的来往暂时受到隔绝。

五世纪，拜占廷设法通过和波斯敌对的哒哒，与中国北魏政权重

新疆吐鲁番出土晋代织成履

新取得了联系，并建立了定期贸易关系。450 年来自地中海东岸安提阿克的安如颉盾使者沿里海、锡尔河和于阗一道，顺利地到达北魏，向太武帝拓跋焘进献了狮子，受到热烈地欢迎。在这一次罗马商队的成功鼓舞下，456 的普岚国（普岚〔From〕是波斯人对拜占廷人的称呼，经中亚突厥语系民族的传译，把〔F〕音变成〔p〕音，成了 Purum，汉译成普岚）和哒一起遣使到平城会见文成帝，465 年普岚国又献宝剑，467 年普岚和粟特、于阗等国一起遣使臣与北魏通好，使中西的交往逐步频繁起来。

在陆路沟通的同时，南方的海路也为北魏和拜占廷之间经济文化的交流提供了途径。为摆脱萨珊波斯的困扰，取得与也门的希尔雅尔人和印度人的通好，最后经海路通向黄河中游的蚕丝生产基地，获得中国的丝货，拜占廷皇帝查士丁一世（518 ~ 527）付出了极大的努力。他费尽心机恢复地中海沿岸的帝国旧疆，通过基督教会获得阿克苏姆的支持，以求左右也门信奉犹太教的希米雅尔人。531 年拜占廷特派使者在阿克苏姆的陪同下，要求希米雅尔人疏通对印度的贸易，转运中国丝绸。不料波斯出来横加阻挠，导致了阿克苏姆和希米雅尔人剑拔弩张的战争，而阿克苏姆也因此于 575 年被希米雅尔埃米尔祖亚兹逐出也门。拜占廷通过也门希米雅尔人通往中国的海路最终没有打通，不得不另谋出路。

当时从北周、北齐政权年年获取无数昂贵丝绸并在对西方的贸易中大发横财的西突厥人，遭到波斯人对中国丝绢的抵制，正急于寻求销路。拜占廷马上与西突厥人取得联络，从他们手中购求中国的丝绸。

终于拜占廷在六世纪中晚期学得了养蚕缫丝技术，使西突厥使者大感惊讶。但中国精美绝伦的丝绸还是源源不断地辗转来到罗马。

# 东晋

351A.D. 晋永和七年 魏（冉）永兴二年 燕十五年 代建国十四年 秦皇始元年 前凉永乐六年

正月，苻健自称天王、大单于，国号秦，建王皇始。石氏所徙各州民及氐、羌、胡、蛮数百万口纷还本土，路中互相杀掠，死者大半，中原饥，人相食。四月，石祗为部将刘显所杀；七月，显称皇帝于襄国。

352A.D. 晋永和八年 魏永兴三年 燕慕容儁元玺元年 代建国十五年 秦皇始二年 前凉永乐七年

正月，苻健称皇帝。冉闵破襄国，杀刘显。姚弋仲死，子襄代领其众。赵故将段勤聚胡、羯万余人据绎幕，称赵帝。十月中山苏林称皇帝，闰十月慕容儁击斩之。王午为部下所杀，其将吕护复称安国王。十一月，燕慕容儁称皇帝。

354A.D. 晋永和十年 燕元玺三年 代建国十七年 秦皇始四年 前凉张祚和平元年

正月，张祚称凉王。桓温废殷浩为庶人。四月，桓温破苻健兵，进驻灞上。

355A.D. 晋永和十一年 燕元玺四年 代建国十八年 秦苻生寿光元年 前凉张玄靓太始元年

正月，仇池氐内哄，杨初被杀，子国嗣。六月，秦苻健死，子生嗣，改元寿光。

357A.D. 晋升平元年 燕光寿元年 代建国二十年 秦苻坚永兴元年 前凉太始三年

五月，苻生遣将击斩姚襄，襄弟苌降。匈奴单于贺赖头帅部35000口降慕容儁，处之代郡平舒。六月，苻坚杀苻生自立，去帝号，称大秦天王。以王猛为中书侍郎，典机密。

360A.D. 晋升平四年 燕慕容暐建熙元年 代建国二十三年 秦甘露二年 前凉太始六年

正月，燕慕容儁死，子暐嗣，以太原王慕容恪为太宰，专录朝政。三月，匈奴刘卫辰降苻坚，入居塞内。


351A.D.

罗马皇帝君士坦都二世败马格尼提阿斯于摩尔萨，马格尼提阿斯自杀，罗马帝国复归于一。

360A.D.

匈奴人攻入欧洲。

# 苻健建前秦

前秦皇始元年（351）正月，苻健在长安即天王、大单于位，建国大秦，史称前秦。

氐族苻氏，世代居住在略阳临渭（今甘肃秦安东南），为部落小头目。永嘉年间，天下大乱，苻氏同宗结为部落集团，推举苻健之父苻洪为盟主。不久苻洪归附刘曜。咸和四年（329）九月，石虎攻占邽城，苻洪投降。八年十月，石虎采纳苻洪建议，将秦雍百姓及氐羌部落10余万户迁移关东，并任命苻洪为流民都督，居住枋头（今河南浚县西南）。永和五年（349）四月，石虎去世，石遵杀石世自立为王。后石遵担心苻洪乘机侵占关中，于是罢免苻洪都督职，苻洪为此大怒，返回枋头后

陕西韩城秦卷能进修邓太尉祠碑拓本

遣使向晋廷投降。同年末，冉闵在邺城大杀胡羯族，并将世代居住在河北的关陇流民向西迁移，途中路经枋头，共推苻洪为首领，聚众10余万人。六年正月，苻洪自称大都督、三秦王，但不久便被赵将麻秋毒死，死前嘱咐世子苻健占据关中，巩固地盘。于是苻健杀麻秋自立，并派遣使者赴晋告丧请命。同年八月，赵将王朗、司马杜洪趁势占据长安，自称晋征北将军、雍州刺史，当地夷夏人纷纷响应。苻健也自称晋征西大将军、都督关中诸军事、雍州刺史，与弟苻雄、侄苻菁率军向长安进击，杜洪部众及羌、氐部落首领见状纷纷向苻健投降。十月，苻健大军长驱直入，进入长安。后因长安民心思晋，苻健于是派人到建康向晋廷报捷，并与晋将桓温修好，从而赢得大批胡汉百姓拥戴。第二年正月，苻健在长安即天王位，称大单于，建国号大秦，建元皇始，史称"前秦"。追尊其父苻洪为武惠皇帝，庙号太祖，并立妻强氏为天王后，子苻苌为太子。

## 殷浩北伐·废太学

东晋永和八年（352）初，扬州刺史殷浩率军北伐。因准备仓促，以失败告终。

桓温灭蜀后，威名大振，他屡次要求北伐中原，当朝大臣们无法直接阻止，于是于永和五年（349），趁石虎死、中原大乱之际，任命殷浩为都督扬、豫、徐、兖、青5州诸军事，出师北伐，以抑制桓温。352年2月，殷浩以谢尚、荀羡为都统，进驻寿春，开荒种粮以备军需。5月，后赵降将张遇因不满谢尚发动叛乱，谢尚大败，损失1万5千多人。6月，谢尚、姚襄进攻许昌，苻健派步骑2万救援。6月29日，秦晋在颍水之诫桥展开激战，结果晋军大败，退回淮南。殷浩闻讯，退守寿春。中军将军王羲之致书殷浩，主张放弃江北，退保长江，殷浩未采纳此项建议，准备再举，并于9月进驻泗口（今江苏淮阴北），派戴施等据守石门和仓垣。当时，殷浩的军队声势浩大，于是，他遣散了太学生，东晋的学校由此废除了。12月，谢尚派王侠率军攻占许昌，逼秦豫州刺史退屯弘农。同时，殷浩又与前秦大将梁安、雷弱儿沟通关系，答应委以重任，但梁、雷只是诈降。九年（353）十月，殷浩得知张遇在关中叛秦，又以为梁安、雷弱儿已将一切安排妥当，于是率7万大军，以姚襄为先锋，自寿春出师北伐，准备进据洛阳，修复园陵。岂料姚襄因与殷浩不和，忌恨殷浩，反伏兵于山桑（今安徽涡阳）攻击殷浩，浩军大败，退走谯城（今安徽亳县）。随后，姚襄又派人到建康状告殷浩。十年（354）正月，桓温也以殷浩北伐屡败，上疏历数其罪状，殷浩因此被朝廷贬为庶人，流放到东阳信安（今浙江衢县），并于永和十二年（356）初去世。

## 明光铠开始流行

明光铠的主体结构和两当铠相同，也是"其一当胸，其一当背"，在肩上用带子前后相联。不同的是这种铠甲胸前和背后各有两个大型金属圆护，很像镜子，太阳一照，明光闪闪，因而称为明光铠。明光铠较之两当铠精坚程度大为提高，对人体突出的关键部位的保护也更加完善。因而尽管它在三国时期就已出现，到了南北朝时也仍然比较珍贵。北齐与北周在邙山的一次战斗中，北周将领慕佑就披着这种防护能力较强的铠甲参加战斗，"佑时着明光铁铠，所向无前。敌人咸曰：'此是铁猛兽也'，皆遽避之。"（《周书·蔡佑传》）北魏以后，明光铠日益盛行，逐渐取代两当铠而成为铠甲中最重要的类型，直到隋唐时期仍是如此。据《唐六典》记载，唐朝有明光铠等十三种甲制。明光铠以后，至北宋初年，铠甲发展得更加完善，当时一套甲胄包括护体的"甲身"，护肩的"披膊"，护腿的"吊腿"，以及护头颈的"兜鍪顿项"，此应是对中国古代甲胄发展的总结。火器出现后，仅用于抵抗冷兵器的铠甲便开始衰落了。

## 后赵灭亡

后赵永宁二年（351）四月，后赵王石祗为部将刘显所杀，后赵灭亡。

自后赵太宁元年（349）四月，后赵皇帝石虎病亡后，后赵大乱，诸子争权夺利，自相残杀。350年，石虎养孙冉闵（即石闵）乘政局混乱，杀石鉴，自称皇帝，改元永兴，国号大魏，史称"冉魏"。石

东晋鎏金菩萨立像

晋青绿釉六系覆莲罐。有流釉现象，造型简朴优美。

鉴死后，石祗（石虎子）于襄国即帝位，并改元永宁。永宁二年（351）三月，石祗派大将刘显率军7万进攻邺城，为冉闵所败，刘显于是投降冉闵，并于四月杀死石祗及丞相石炳、太宰赵庶等10余人。至此，后赵灭亡。

后赵自石勒称赵王，经历了石弘、石虎、石世、石遵、石鉴及石祗等7主，共32年。

## 桓温北伐·进至灞上

东晋永和十年（354）二月，征西大将军桓温出师进攻前秦，至太和四年（369），他率军共进行了三次北伐，志在收复中原，提高个人威望，以代晋称帝。

永和十年二月，桓温第一次北伐，统领步骑4万从江陵（今湖北江陵）出发，经析县（今河南西峡）至武关（今陕西丹凤东南）；水军则从襄阳入均口（今湖北均县）直逼至南乡（今河南淅川）；同时命梁州刺史司马勋沿子午道（今关中直南通向汉中之通道）攻秦。苻健遣太子苻苌、丞相苻雄等率军5万，

桓温北伐图

南京出土晋代持盾武士俑

屯于邽柳（今陕西蓝田南）。四月，桓温督师在今陕西兰田击败秦太子苻苌等率领的 5 万大军，进军灞上（今陕西西安东）。秦军被迫退守长安城。关中百姓纷纷持牛酒尉劳晋军，老人流泪说："不图今日复见官军！"桓温终因军粮缺乏而于六月被迫撤退。

永和十年七月，桓温第二次自江陵北伐。八月逼近洛阳，在伊水（今河南洛阳南）大败羌兵统领姚襄的军队，收复洛阳。姚襄退至襄陵（今山西临汾东南），后西入关中，为前燕苻生所杀。桓温很快还兵江陵，只留毛穆之等两千多人戍守，又将降民 3000 余家迁至江、汉之间，随后颖川、谯（今安徽亳县）、沛（今安徽濉溪西北）诸城相继为前燕占领。隆和六年（362），桓温建议迁都洛阳，主张将永嘉之乱以来南迁的北人全部迁回河南。南下士族纷纷反对，而桓温也只是借此威胁朝廷。由此引起大臣们的互相猜疑和牵制，内部不和给前燕可乘之机。兴宁三年（365）三月，洛阳终于被前燕占领。

太和四年（369），大司马桓温已进位大司马、都督中外诸军事、扬州牧，并兼任徐、兖二州刺史。为了树立更高的威望以便代晋，桓温决定进行第三次北伐，征讨前燕。四月，桓温率步骑 5 万从姑熟（今安徽当涂）出发，六月抵达金乡（今属山东）。命将士凿巨野（即大野泽，在今山东巨野北）300 里，引汶水于清水以利舟师自清水入河。一路所向无敌，七月进至枋头（今河南汲县东北）；同时派遣檀玄在黄墟（今河南杞县东南）同燕军作战，大败燕征讨大都督慕容厉。燕主慕容暐大惊，向前秦求援。八月，前秦出动步骑 2 万救燕。燕、秦联兵与桓温大战，晋军数战不利，且因孤军深入，军粮不继而被迫焚烧船只，抛弃辎重、铠杖，从陆路撤退。在襄邑（今河南睢县）东涧又遭到燕军袭击，损失 3 万余人。在谯郡再受前秦军袭击，又损失 1 万多人。十月，桓温收散卒屯兵山阳。第三次北伐以失败告终。

# 前燕灭冉魏

魏永兴三年（352）四月，前燕俘杀冉魏皇帝冉闵，冉魏灭亡，经历一主3年。

后赵太宁二年（350）闰正月，冉闵建魏后，前燕支援后赵石祗与冉闵对抗。后赵灭亡后，燕王慕容俊便准备进攻魏邺城。魏永兴三年（352）四月，慕容俊派大将慕容恪率军大举进攻冉魏。冉闵不听部将董闰、张温的劝阻，在安喜、常山及廉台等地与燕人作战。由于冉魏多步军，燕人多骑兵，燕人避开丛林，与魏军在平地激战，尽管冉闵勇力有加，部众精锐，仍不敌燕人锁马方阵，最后冉闵因兵败被杀。其子冉操逃往奔兽口。接着慕容俊派遣慕容评率精骑万人围攻邺城，冉魏蒋干及太子智闭城死守，双方相持5个

兰亭

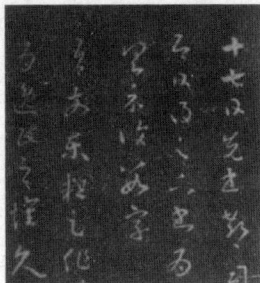
东晋王羲之《十七贴》

月，城内粮食无存，出现"人相食"的惨状。魏将只得派人奉表愿意投降，同时向晋谢尚求救。六月，谢尚派戴施率百余人到达邺城，助一臂之力。蒋干率5000精兵与慕容评决战，4000人阵亡。八月，魏长水校尉马顺等打开邺城门投降，戴施、蒋干缒城奔仓垣。燕兵攻入邺城，俘获魏后董氏、太子冉智、太尉申钟、司空条枚等，并送至蓟城。冉魏亡。

冉闵建国后，在政治、经济上采取了一系列新的措施，以求得到汉族地主阶级的支持和百姓的拥护。但同时，他对胡羯人实行了残酷的民族报复，只要是胡人，不论男女老少、贵贱一律诛杀，共死20多万人，一些高鼻多须的汉人也惨遭杀害。冉闵这一行动不仅孤立了自己，也使冉魏的辖地逐渐缩小，人口锐减，农业生产陷入停顿，终于352年为前燕所灭。

# 王羲之作《兰亭集序》

王羲之（303 ~ 361），字逸少，祖籍琅琊（今山东临沂），会稽（今浙江绍兴）人。

他是晋司徒王导从子，曾任秘书郎、参军、长史、宁远将军、右军将军等职，

动荡中的文明

晋

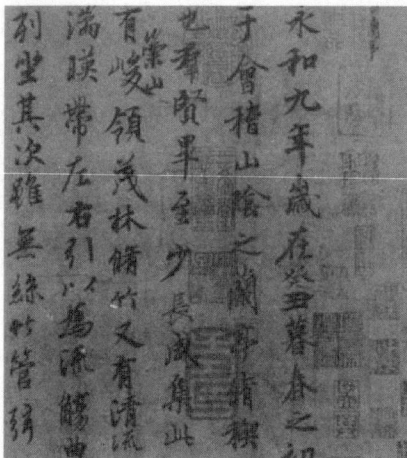

兰亭序帖卷(局部)。东晋王羲之书,纸本,行书。王羲之的真迹,相传已葬入唐太宗李世民昭陵,但唐代多有摹本,尤以冯承素"神龙本"(因帖上有神龙半印得名)最精。

后人称之为"王右军"。当时权臣殷浩与桓温不协,王羲之曾从中调解,但未奏效。晋永和十一年(355),他因与骠骑将军王述不和而称病离职。王羲之一生喜好游山玩水和结交朋友。

相传王羲之7岁学书,12岁开始通读前人笔论。他的主要贡献也集中表现在书法的成就上,与其子献之并称"二王"。他先拜卫夫人为师学习书法,后博采众长,书精诸体,尤其擅长楷书和行草书,风格妍美流便,一改汉魏以来质朴书风,把书法推向全新的境界,被誉为"书圣"。他的传世代表作有《兰亭序》、《十七帖》、《姨母帖》、《奉橘》、《丧乱》、《初月》等。其中《兰亭序》对后世的影响最大,被称为天下第一行书。

晋穆帝永和九年(353)三月三日,王羲之与当时的文士名流谢安、孙绰等41人会集在会稽山阴县境内的兰亭,饮酒赋诗,各抒怀抱,事后集结成册,编定为《兰亭集诗》,由王羲之撰写《兰亭集序》。

《兰亭集序》首先记叙了这次燕集的盛况,指出参加聚会的都是才德兼备的人士,再以生动的笔调来描写兰亭的景色,"虽无丝竹管弦之盛,一觞一咏,亦足以畅叙幽情"描写文人们在旷达的环境中畅叙。画面清晰,情景交融。其次即文抒情,感叹人生的聚散无常、年寿有限,带有消极情绪。"欣于所遇,暂得于己"时就"快然自足,曾不知老之将至","所之既倦,情随事迁"的时候又"感慨系之矣"。情绪消沉,反映了当时士人对现状无奈和及时行乐的思想,也表现了王羲之在封建社会里的各种矛盾之中的复杂感情。最后说明写这篇序的原因。"临文嗟悼,不能喻之于怀"。作者认为"一死生为虚诞,齐彭殇为妄作",魏晋以来,文坛上流行玄学,而王羲之不赞同庄子虚无主义的观点,能较客观地认识生死寿夭这个问题,这种思想在当时是有积极意义的。

《兰亭集序》是一篇为人传诵的优美散文。文笔清新疏朗,情韵绵邈,不带魏晋以来的排偶习气,当时清谈玄理风气兴盛,深文周纳,淡言寡味,而这篇序感情真挚,自然朴素,给人以质朴清新之感。

# 王羲之书法冠古今

东晋王羲之潜心书法，博采众长，一变汉、魏朴质书风，创妍美流便之体，遂臻神妙，成为一代书圣，冠绝古今。

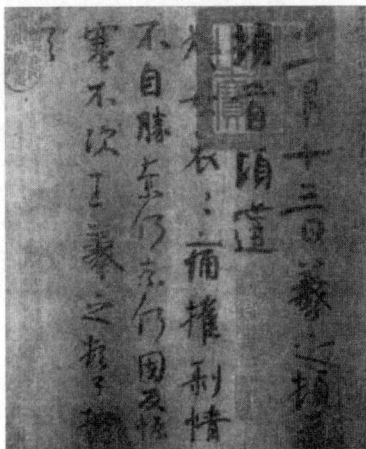

王羲之像

王羲之，字逸少，琅琊临沂（今山东）人，乃名门之后，祖王正为尚书郎，父王旷乃淮南太守。王氏起家秘书郎，为征西将军庾亮参军，累迁长史。进而为宁远将军，江州刺史，至右军将军，会稽内史，所以后人都叫他王右军。后辞官，定居会稽山阴（今绍兴）。

王右军年轻时跟随卫夫人学习书法。后又遍游名山大川，遍学李斯、曹喜、钟繇、梁鹄等人书法，不断吸收前人的营养，提高艺术水平。王氏草书学张芝，楷书学钟繇，精研体势，损增古法，遂自成一家。《书断》列其隶、行、章草、飞白、草书为神品，八分书入妙品，可见地位之高。他的草书损益合宜，风骨精熟；隶书骨肉相称，婉态妍华；行书天姿神纵，无以寄辞。王氏备精诸体，千变万化，得之神功，被誉为"冥通全圣"。古代书家被称为"书圣"的有好几位，最后只有王羲之的书圣桂冠一直保持不坠。

王氏传世作品甚多，但流传至

东晋王羲之《姨母贴》。《姨母贴》字体端庄凝重，笔锋圆浑道劲，尚存分书痕迹。如以晋人的简牍与之相比，就可看出此帖最具晋人书法的特点。《姨母贴》是《万岁通天贴》中的第一贴。唐武则天万岁通天二年（697），王羲之家族后裔王方庆进王氏一门书翰十通，武则天命以真迹为蓝本，用钩填法摹之以留内府，通称《万岁通天贴》。原本仍还王方庆，早已散佚。

东晋王羲之《兰亭序》（神龙本）。《兰亭序》曾在我国古代书法发展史中产生过巨大影响。

今，多为后人托伪之作，而传为墨迹的，寥若晨星。其中影响较大的有：《兰亭序》。它的传本甚多，以"神龙本"为最精。永和九年（353）三月三日写于山阴兰亭，是其草书代表作，笔法遒媚劲健，极为美观，其笔势"飘若浮云，矫如惊龙"。藻丽多姿，开一代风气之先河。《快雪时晴帖》，唐钩填本，现为台湾故宫博物院收藏。《宣和书谱》中有著录，后人多认为是真迹，其笔法圆劲古雅，意致优闲逸俗。但是，该帖笔法便转，流露出唐人气味，纸精带竹纹，字墨纤毫无损。

王氏对隶、楷、行、草各体书法都很精工。他的《乐毅论》是继钟繇《宣示表》、陆机《平复帖》之后，又一楷书精品，使楷书至此最终独立为新书体。智永称《乐毅论》为"正书第一，梁世模出"。其中用笔结体与《宣示表》有明显的差别，已脱尽隶体的古拙，楷味历历可见，对后世楷书的发展，影响至深。在行书方面，王氏创意更深。《兰亭序》是目前所见最早、最典型的行书作品，雄逸流动、变化多姿，在行书产生发展的历史上具有划时代的意义。他的另一行书名品《快雪时晴帖》与王珣《伯远帖》、王献之《中秋帖》并为稀世珍宝，乾隆时藏于养心殿西暖阁"三希堂"。

王氏行草以《十七帖》和《万岁通天帖》中的《初月帖》最为卓著。前者笔方离方遁圆，结字从容衍裕，气度恢宏。后者章法奇巧，笔势凝重，任率自然，"有不可尽之妍"的美誉。被历代书家奉为楷模的《上虞帖》（又名《得书帖》），是王氏在草书方面的力作。全帖笔势灵动，结字布白，千变万化，自成一种风气。

王羲之的书法作品很多，梁武帝曾搜集他同子献之的书一万五千纸以上，唐太宗遍访王书，得羲之书三千六百纸，到宋时徽宗尚保存二百四十三纸。但他的书法真迹无一留存，仅能从唐代和尚怀仁集的《圣教序》和大雅集的《兴福寺半截碑》等摹本刻帖中了解基本面貌。

这位"书圣"的书法艺术承汉魏之脉，开晋后书风，树立了楷、行、草的典范，后世莫不宗法。

## 前凉内乱

自前凉永乐八年（353）六月张重华死后，至太清元年（363）10年内，前凉先后有张祚、张瓘、宋混、宋澄、张邕、张天锡等争权夺位，内乱不止。

前凉永乐八年十一月，张重华去世，太子张曜灵即位，时年10岁。赵长等伪造张重华遗诏让长宁侯张祚代谢艾辅政。十二月，在赵长等协助下，张

祚罢废曜灵，自为凉州牧、凉公，随后又杀死重华妃裴氏及谢艾。次年正月，张祚又自称凉，并改元和平，设置百官，郊祀天地，行王天子礼乐。但张祚淫虐无道，引起极大的民愤。太和二年七月，张曜起兵进攻姑臧。八月，张祚杀曜灵。闰9月，宋混进入姑臧城，张祚被杀。张瓘到达姑臧后，立年仅7岁的凉武侯张玄靓为主，改元为太始，自己任尚书令、凉州牧，封宋混为尚书仆射。张瓘为人猜忌苛虐，专以爱憎为赏罚，因此大失人心。太始五年（359）六月，张瓘屯兵于姑臧，准备除掉宋混。宋混得知后，汇集部众2000人出击，张瓘战败自杀。宋混于是代替瓘辅政。不久宋混病故，宋澄代之辅政。太始七年（361）九月，司马张邕起兵杀死宋澄，与玄靓叔父张天锡共同辅政。不久张邕因遭张天锡谋刺，被迫逃走，后自杀。

张天锡执政后独断专行，引致宗亲朝臣不满。郭太妃与大臣张钦密谋铲除天锡，事泄被杀。太始九年（363）闰九月，张天锡派人杀掉玄靓，自称凉州牧、西平公，并改元太清，时年18岁。至此前凉内乱告一段落。

# 王猛入秦佐政

前秦永兴元年（357）五月，王猛归附秦东海王苻坚，甘露元年（359）十二月，秦王苻坚启用王猛为相，勤修政事，使秦国大治，为秦统一北方奠定了基础。

王猛（325～375），字景略，北海剧县（今山东昌乐西）人，家于魏郡（今河南安阳）。他出身贫寒，博学多才，喜读兵书，善于谋略和用兵。前秦苻生即位后，为政暴虐残酷，滥杀无辜，前秦大臣纷纷要求易主，希望苻坚取而代之。永兴元年（357）五月，薛赞、权翼等与苻坚密谋，尚书吕婆楼又向苻坚推荐王猛。王猛与苻坚二人一见如故，讨论废兴大事，异常契合。元年六月，苻坚等发动政变，杀苻生，自称大秦天王，改元永兴，起用王猛、权翼、薛赞等辅助朝政。

苻坚任用王猛辅政，遭到以氐人豪族樊世为首的宗亲勋旧的不满和忌恨。永兴二年（358）九月，朝臣聚会议事，樊世与王猛在苻坚面前争论，樊世想杀王猛，苻坚大怒，下令处斩樊世。王猛因此声势大振。王猛为政严而不苛，对权贵豪强乱法则惩处严厉。甘露元年（359）八月，王猛被任命为侍中、中书令，兼领京兆尹。当时皇太后之弟强德屡次犯法，又酗酒横行，掠人财货与子女，深为长安百姓所患。王猛甫受任即将强德斩于市，随后又诛杀贵戚豪强20余人，百僚震肃，奸猾敛迹。苻坚感叹说："吾始今知天下之有法也！"于是更加信任王猛。苻坚先后任命王猛为吏部尚书、太子詹事、左仆射、辅国将军、司隶校尉等。此时王猛年 36 岁，一年之中 5 次擢升，权倾内外。建元八年（372）六月，王猛再次升任丞相、中书监、尚书令。

王猛任职 18 年，综合儒法，选拔廉明，讲求实效，政绩斐然。除政治上采取一系列整治措施外，他还选贤任能，法简政宽，使百姓安居乐业。在经济上，他劝课农桑，开放山泽，鼓励发展农业生产，以致田畴开辟，仓库充实。在文化上，他广兴学校，促进氐、羌的汉化，有利于民族融合。他执政期间，"关陇清晏，百姓丰乐"，前秦呈现出小康景象。

## 慕容恪辅燕政

前燕建熙元年（360）正月，燕王慕容俊病死，11 岁的太子慕容暐继位，改元建熙。太原王慕容俊之弟慕容恪受命辅政。

慕容恪（？～366），字玄恭，昌黎棘城（今辽宁义县西北）人，慕容暐第四个儿子。他身材魁武，雄毅果敢，曾多次随父征战，被封为太原王。东晋闻知慕容俊已死，以为"中

北凉乐伎与百戏壁画

原可图"，准备乘机出兵伐燕。当得知慕容恪在辅助朝政时，大将军桓温感叹道："慕容恪尚在，我忧正深！"慕容恪辅政时，太师慕舆根自以为是先朝旧勋，居功自傲，目空一切。他怂恿慕容恪废除太后可足浑氏，遭到拒绝后又唆使太后及燕主杀掉慕容恪等，并想乘机作乱夺权。慕容恪与太傅慕容评等及时平定了叛乱，慕舆根及其党羽被杀。慕容恪辅助朝政期间兢兢业业，谨守轨度，凡事必与慕容评商议解决，从未擅作主张。他礼贤下士，量才录用，前燕政局为之一新。前燕自慕容俊死后，国内动荡不安，军队中人心涣散，邺城以南道路也不通畅。针对这种情况，慕容恪任命慕容垂为都督河南诸军事、兖州牧、荆州刺史，坐镇蠡台；任命傅颜为护军将军，进驻淮河，以防晋廷进击。从此，燕国境内出现了安定的局面。建熙元年至七年，慕容恪总揽燕朝政时期，是前燕政治比较稳定的时期。慕容恪辅政前后共 7 年。这 7 年是前燕政局比较稳定的时期。其军事力量和社会生产得到了进一步的巩固和发展。

## 传国玺辗转还晋

　　永和八年（352）八月，传国玺辗转归晋。

　　传国玺，据称传自秦朝。玺上有蟠螭文隐起书，共8字："昊天之命，皇帝寿昌"。建兴四年（316）十一月，刘聪灭西晋，得传国玺。太兴元年（318）十一月，刘曜称帝，聪故将王腾、马忠送传国玺于刘曜。以后中原战乱，玺自洛阳宫禁落入石勒、石虎之手，虎在玺上刻"天命石氏"4字。石虎卒，冉闵自邺城得之。燕军攻邺，冉闵大将蒋干遣使求救于谢尚。尚命戴施率百余壮士入邺助守。蒋干遂将玺送戴施。施遣何融携玺送于枋头。本月，谢尚自枋头迎传国玺

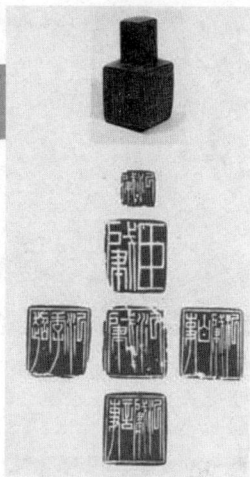

晋氾肇六面印

至建康，百僚庆贺。自司马睿起，因无传国玺，中原诸国讥东晋诸帝为"白版天子"。至此，传国玺复归于晋。

## "天竺乐"传入中国

　　永和九年（353），"天竺乐"传入河西走廊。

　　前凉张重华时期有男伎贡至建康，其语言迭经4译。男伎所奏乐为"天竺乐"。其乐歌曲有"沙石疆"，舞曲有"天曲"。乐器有凤首箜篌、琵琶、五弦、笛、铜鼓、毛员鼓、都昙鼓、铜拔、贝等9种，共为1部。乐工12人。"扶南乐"本与"天竺乐"分属2部，因为都是佛教音乐系统，后至隋朝，把"扶南乐"合并于"天竺乐"中。

## 敦煌石窟工程开始

　　东晋永和九年（353），敦煌石窟中的莫高窟工程开始营造。

　　敦煌石窟由莫高窟、西千佛洞、榆林窟和水峡口小千佛洞四库组成，规模巨大。其中莫高窟最为著名，工程亦最大，艺术成就最高，其他几处均为其分支。莫高窟又名千佛洞，位于甘肃敦煌东南25公里处，在大沙山与三危山之间的大泉沟西岸玉门砾岩绵延三里多长的崖壁上。东晋开凿后，经北魏、

敦煌莫高窟。俗称千佛洞，位于甘肃敦煌县城东南二十五公里处。洞窟上下五层，高低错落，鳞次栉比，南北长一千六百多米。

敦煌洞窟一角。窟北壁有西魏大统四年——(538～539)的墨书题记，是莫高窟早期唯一有确凿纪年的洞窟，对于进一步探讨莫高窟艺术有重大意义。

西魏、隋、唐、五代、宋、元历代增修，现存洞窟550余座。

莫高窟由上至下，分层开凿，最多可达4层。因所在崖壁石质松脆，不宜雕刻，所以石窟内的艺术精品多为大型壁画和塑像。现在洞窟中469窟存有精美、细致的壁画和塑像，保存了历代塑像两千数百身，壁画50000多平方米。壁画上画着关于佛教的神话故事，内容丰富多彩。所画形象逼真，生动活泼，栩栩如生。尤其在细微处见功夫，衣褶、纹饰、肌肉、表情等恰到好处，体现了极高的艺术水准。

西千佛洞在莫高窟以西，座落于敦煌城西南南湖店附近党河北岸，在玉门砾岩陡崖上开凿而成。石窟多已毁坏，仅存19窟，长约2华里，存有北魏、隋、唐、五代、西夏及宋代的壁画和佛像；榆林窟又名万佛峡，窟址在安西城南50公里的踏实河（榆林河）两岸，在玉门砾岩陡崖上开凿而成。

东西两崖均分上、下两层，现存40窟，其中29窟有壁画。应为初唐、西夏及宋代所建，是仅次于莫高窟的河西佛教艺术胜地；水峡口小千佛洞又名下洞，在榆林窟以北，仅存6窟，为魏、隋二代所建，其壁画则为宋代作品。

敦煌石窟是中国三大石窟艺术中心之一，也是世界闻名的石窟艺术中心，是中国古代劳动人民智慧的结晶，具有极高的艺术价值。同时，亦为研究中国古代的宗教、艺术、历史、文化、社会提供了极其宝贵的资料。

敦煌壁画：九色虎本生局部·国王与九色鹿

# 东晋

362A.D. 晋哀皇帝司马丕隆和元年 燕建熙 三年 代建国二十五年 秦甘露四年 前凉升平二年

363A.D. 晋兴宁元年 燕建熙四年 代建国二十六年 秦甘露五年 前凉张天锡太清元年

代王什冀犍大破高车，俘万余口，牛羊马百余万头。罗马正式使者首次抵建安与晋聘报。

364A.D. 晋兴宁二年 燕建熙五年 代建国二十七年 秦甘露六年 前凉太清二年

二月，慕容恪兵略地河南。道士杨羲出《上清经》，上清派形成。葛洪去世。敦煌石窟开凿。

365A.D. 晋兴宁三年 燕建熙六年 代建国二十八年 秦建元元年 前凉太清三年

三月，慕容恪陷洛阳。七月，匈奴曹谷、刘卫辰攻杏城，符坚击破之，谷降，卫辰被俘。

366A.D. 海西公马奕太和元年 燕建熙六年 代建国二十九年 秦建元二年 前凉太清四年

七月，符坚将王猛等攻南乡郡，掠万余户而还。十二月，陇西李俨自立，羌钦岐以略阳四千家附之。

367A.D. 晋太和二年 燕建熙七年 代建国三十年 秦建元三年 前凉太清五年

三月，符坚将王猛等攻羌钦岐，擒之。符坚分匈奴曹谷部为二，号东西曹。

389A.D. 晋太和四年 燕建熙九年 代建国三十二年 秦建元五年 前凉太清七年

四月，桓温督步骑五万北伐慕容恪。九月，桓温粮尽退兵，慕容垂乘机追击，温大败，死三万余人。

370A.D. 晋太和五年 燕建熙十年 代建国三十三年 秦建元六年 前凉太清八年

正月，王猛入洛阳。八月，广汉人李弘、陇西人李高等起事。十一月，符坚入邺，俘慕容恪。


363A.D.

罗马皇帝朱理安与波斯战，归途中死，君士坦丁后裔绝。军队拥立朱维安那士为皇帝（331 年生，在位一年）。罗马与波斯议和。

罗马帝国再次分裂，瓦伦斯统治东半，瓦伦万尼统治西半。

## 苻坚整肃前秦

前秦永兴元年（357）6月，苻坚顺应朝议，杀暴虐的秦王苻生，自立为天王。他成为秦王后，针对苻生时期暴虐、残酷、腐败的现象进行了整肃。

苻坚即位之后，起用王猛等辅政，并给予充分的信任和职权，支持王猛抑制豪强，整饬军政，以树朝威，为前秦富强并统一北方奠定了基础。甘露元年（359），苻坚派遣使者到各处巡察，鼓励发展农业生产，兴修水利，使关陇地区经济发展，国力充实。361年，苻坚又整顿选才之法，下令地方官推举"孝悌、廉直、文学、政事"之士，并依据所举之人是否贤能之辈而奖、惩举荐者。即使是宗室外戚，无才者均弃不录用。故当时"内外百官，率皆称职"。此外，苻坚仿效中原的教育体制，兴办太学。甘露四年（362）5月，苻坚亲临太学进行视察，考核诸生经义，并与博士论讲。此后，苻坚每月到太学巡视一次，形成制度。鉴于当时秦国内富商车服过于奢侈，朝中许多大臣竟将他们视为朝廷要员的风气，甘露六年（364）9月，苻坚诏令天下，非命士以上，不得乘坐马车。离都城百里之内，工商、皂隶及妇女不得穿金戴银，衣着华丽，违者一律处死。随后又将视富商为朝庭命官者，如平阳、平昌、九江、陈留、安乐5公降爵为侯。此举有力地打击了朝官竞相攀比、伤风败俗的风气，使前秦社会风气焕然一新。

苻坚统治前秦时，前秦社会稳定，人民安居乐业，生产也有所发展，为统一北方奠定了良好的物质基础。

## 桓温复倡议迁都

东晋隆和元年（362）5月，桓温再次建议迁都洛阳。后因遭朝野反对而作罢。

永和十二年（356）9月，桓温北伐收复洛阳后，留戴施等率2000人镇守洛阳，自己则率大军班师回朝。隆和元年（362）2月，燕将吕护进攻洛阳。戴施自洛阳逃往宛（今河南南阳），守城晋将陈告急。5月，桓温派遣徐、兖刺史庾然希及竟陵太守邓遐率领水师3000人援助陈，同时上疏晋哀帝，请求自建康还都洛阳，并主张把永嘉以来侨居江南的北方人，全部北迁，以充实河南。此议一出，朝野哗然。桓温执掌大权，诸大臣明知北方萧条，百姓对

百衲本《晋书·符坚载记》

晋室心怀疑慎，却无人敢持异议，只有散骑常侍领著作郎孙绰上疏，认为自永嘉内乱60年来，中原荒废，晋民渡江，已经数十年之久。如果恢复中原，亦应先扫平梁国（今河南商丘）、许昌、清肃河南，待运路畅通，中夏产物丰盈后，方可瘿议迁都事宜。扬州刺史王述认为桓温北伐是假，想以虚声威震朝廷是真，于是建议顺从其意，令其为难。朝廷采纳了此建议，委派桓温负责处理一切有关事务。不出王述所料，桓温最后果然不了了之。

## 燕军克洛阳

前燕建熙六年（365）3月，燕军攻克晋洛阳。

建熙五年（364）5月，燕军攻占晋许昌、汝南、陈郡等地，随后燕军准备攻占洛阳。燕太宰慕容恪先派人进行招纳、降服远近诸坞；又派悦希、孙兴驻军于盟津（今河南孟津县东北）和成皋（今河南荥阳汜水镇）。洛阳晋军由冠军将军陈佑率众2000人守卫，沈劲主动请求率众千余人增援。此时洛阳已粮尽援绝，陈佑估计城已难保，于是以救许昌为名，只留沈劲500人守城，自己率领大批人马前往许昌。得知许昌已落入燕人之手后，他又投奔新城，燕将燕悦遂引兵攻取河南诸城。365年2月，晋司徒昱听说陈放弃了洛阳，打算与桓温共议征讨之事，但适逢晋哀帝暴崩而未能如愿。燕太宰慕容恪、吴王慕容垂乘势攻打洛阳。3月，洛阳伦陷，沈劲被杀。慕容恪继而又占领了崤谷、渑池，任命慕容筑为洛州刺史，镇守金墉（今河南洛阳东北），吴王垂为都督负责荆、扬、洛、徐、兖、豫、雍、益、凉、秦十州的军事事务，镇守鲁阳（今河南鲁山）。

## 东晋名僧支遁卒

东晋太后元年（366），东晋名僧支遁卒于石城山栖光寺。

支遁（314～366），字道林，俗姓关，以字行，世称"支公"或"林公"。陈留（今河南开封东）人（一说云河东林虑（今河南林县）人）。永嘉中，他随家人流寓江南，25岁出家为僧，先后建立支山寺和栖光寺，与当时谢安、

敦煌晋写本《摩诃般若波罗蜜经》

王羲之等交游往来，善谈玄理。

在佛教内典中，支遁对《般若经》颇有研究。他在出家前即研读《般若》，后又经常辩论、论诵《般若》。般若学分化为若干学派，即所谓"六家七宗"，支遁为其中即色宗的代表人物。他认为"色即是空"，为般若学六大家之一。其理论之成熟，超过了其他各学派。支遁般若义的代表作是《即色游玄论》，又著有《释即色本无义》、《道行指归》等。支遁也曾留意于禅学，撰有《安般经注》及《本色四禅序》。他主张顿悟，认为顿悟生于第七地，七地以上尚须进修，因而被称为"小顿悟"。

当时正值玄学和佛教并盛之世，有僧侣崇尚清谈。支遁即是这种风尚的代表人物，时人将他与王弼相媲美。他于清谈中杂揉老释，对《庄子·逍遥游》，尤能独抒己见，认为佛释向往的涅寂灭之心境，便是逍遥境界。这种心境即所谓"至人之心"，非一般俗人所能有。因为他的见解揭示的境界契合于玄学，并且高于玄学，因此颇获当时名士赞赏。

支遁还喜养马养鹤，擅写草书隶书，能吟诗，俨然名士风范。

## 桓温第三次北伐

东晋太和四年（369）4月，大司马桓温出师伐燕，是为第三次北伐。

继东晋永和十年（354）和十二年（356）两次北伐取得胜利后，为讨伐前燕对晋的不断侵扰，太和四年（369）3月，桓温再度上书朝廷，请求第三次北伐，朝廷批准了这一建议。4月，桓温等率领5万步骑从姑孰（今安徽当涂县），出师北伐。6月，桓温到达金乡（今山东金乡）。当时正值天气干旱，河流干涸，水路不通。桓温命冠军将军毛虎生开凿钜野泽（今山东巨野北），将汶水（今名大汶河，在山东泰安境）引入清水（今名大清河，在山东东平境）。竣工后，桓温率领水军自清水进入黄河舳舻数百里，同时，桓温又派建威将军檀玄从陆路进攻前燕。檀玄在湖陆（今山东鱼台东南）生擒燕宁东将军慕容忠，在黄墟（今河南杞县东南）大败燕下邳王慕容厉率领的两万步骑，其前锋邓遐、朱序又在林渚（今河南郑州市东北）击败燕将傅颜。7月，桓温到达枋头（今河南浚县西南）。前燕一面派人向前秦求援，一面派吴王慕容垂率范阳王慕容德领兵5万人迎战桓温。9月，范阳王慕容德率骑兵1万、兰台御史刘当率骑兵 5 千屯驻石门（今山东平阳），豫州刺史李邽率州兵 5 千切断了桓温的粮道。慕容德派将军慕容宙领骑兵 1 千为前锋，诱敌深入，然后围击晋军，晋军大败。自此之后，晋军便屡战屡败，而且粮食枯竭，又传闻前秦援兵将至，于是军心动摇。桓温被迫焚烧战船，丢弃辎重和铠甲撤退。晋军从东燕（今河南延津县东北）经仓垣（今河南开封市东北）退至襄邑（今河南睢县西）。慕容德跟踪追击，率劲骑 4 千埋伏在襄邑县的东涧附近，与同时抵达的慕容垂军呼应，夹击晋军。这次战役使晋军损失了 3 万人。与此同时，前来增援的前秦军队也乘机从谯县（今安徽亳县）向晋军发起进攻，晋军又死伤 1 万多人。桓温率残兵败将退回，这次北伐以失败告终。

## 秦兴兵伐燕

前秦建元五年（前燕建熙十年，369）11 月，因前燕朝政腐败，前秦苻坚乘机伐燕。

慕容暐后期，朝政操纵在太后可足浑氏及太傅慕容评手中。朝中贿赂成风，官员无能，纲纪颓紊，竞为奢靡。民间盗贼横行，百姓困顿。建元五年（369）11 月，苻坚以燕人不肯割让虎牢以西之地为藉口，派遣王猛、梁成、邓羌率步骑 3 万，进攻洛阳。洛阳守将武威王慕容筑投降。

翌年（370）4 月，苻坚再次任命司徒王猛为统帅，率杨安、张蚝、邓羌等 10 将、步骑 6 万人，东征前燕。6 月出关中。7 月，王猛亲率秦军主力进攻壶关（今山西长治东南），并命杨安北攻晋阳（今山西太原南晋源镇）。8 月，王猛攻下壶关。9 月，王猛派兵协助杨安攻取晋阳。这时，前燕统帅太傅慕容评集中精兵 30 万驻扎在潞川（今蜀漳河）。慕容暐评以多对少，想打一场持久战。但他性情贪，专爱聚敛财物，三军皆无斗志。于是王猛派骑兵乘夜从小道绕到燕军后方，烧毁燕军辎重，并从城外向城中挖通地道，秦虎牙将军张

燕秦分据及苻秦全盛大势
（338—383 年淝水之战）

蚝率领数百名壮士潜入城内，同前燕军队展开激战。结果燕军大败，死5万多人。秦军乘胜追击，燕军10万余人投降。这样，燕军主力30万就轻易地被王猛消灭。接着，王猛从潞州挥军东进，11月初，秦王苻坚亲率精锐10万协助王猛攻邺城。前燕散骑侍郎余蔚率500余人开邺城北门迎秦兵，慕容暐仅率数十骑逃出邺城，但被秦兵追获。苻坚进入邺城后，收取前燕的户口册，共有157郡，246万户居民，999万人口，又迁徙燕王慕容暐及王公以下的鲜卑族4万余人到长安，前秦灭亡。

前燕自西晋太康六年（285）慕容暐统一部落，至370年慕容暐为苻坚所灭共4世，85年。自前燕元玺元年（352）慕容暐杀冉闵入主中原以来，至是年慕容暐失国，共19年。

秦灭燕后，获得其全部国土，国力大增。

## 孙盛撰成《晋阳秋》

东晋太和四年（369）12月，孙盛撰成《晋阳秋》。

东晋太和年间，频繁的劳役、疾病和战争，使百姓死亡十之四五，引起百姓的怨愤。369年12月，秘书监孙盛写

古写本东晋孙盛《晋阳秋》残卷

成《晋春秋》（后避讳改为《晋阳秋》），直书时事，谴责当权者，并直书桓温北伐失利之事。桓温见后大怒，对孙盛的儿子说，北伐前燕，确有失利，但还不至于如孙盛所说的那样严重。如果不加修改而让流行，当心孙家的命运。孙盛之子遂请求桓温谅解，并答应立即改正。诸子哭泣叩头，请求孙盛为孙家百口命运，改写《晋阳秋》。孙盛大怒，坚决不允许。诸子只得私下将书修改后交付出去。然而，孙盛当初已另写副本，流传他国。晋孝武帝即位后征求天下异书，从辽东（郡名，治襄平，今辽宁辽阳北）人手中获得副本。该本与东晋流行本不同。于是，两种版本都保存下来。1972年，在新疆吐鲁番阿斯塔那一百五十一号古墓中还出土了这本书的残卷。

## 葛洪著《肘后方》

晋代葛洪（284~364）编著《肘后救卒方》。《肘后救卒方》又名《肘后备急方》，简称《肘后方》，取其书精选可挂于肘臂之间而名，是一部实

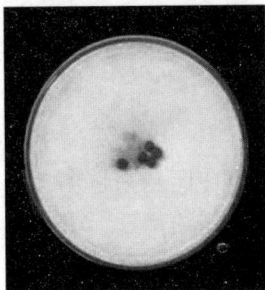

用的急救方书。

葛洪，字稚川，号抱朴子，丹阳句容（今江苏句容）人，人称葛仙翁，是东晋医学家、哲学家和炼丹化学家。葛洪喜好养生之术，著有《抱朴子内篇》，专论长生术和神仙思想，在医药化学方面也多有贡献。为学道，他兼修医术，研读了当时各名家近千卷医方书，广泛收集民间验方验法，撰写了100卷的《玉函方》（又名《金匮要方》）。但葛洪深感前人方书对各种急症论述不足，编纂又缺乏条理，临床时不便检用；且用药大多名贵，针灸方法也非精通经脉俞穴的医生不能用；加之《玉函方》虽完备篇幅又嫌繁浩，不便流传及救急之用，故将《玉函方》精选，编成《肘后方》3卷。

晋代丹丸

《肘后方》内容包括发病急骤的传染病、寄生虫病及内科、外科、妇科、儿科、五官科急症，还涉及食物药物中毒、虫兽所伤等。在传染病方面，对天花、疟疾、痢疾、狂犬病、结核病、恙虫病都有记述并附之验方。它对天花临床特征和流传过程的记述，是中国现存有关天花的最早记载；对恙虫（沙虱）病成因的分析，又令人叹服早在四世纪，中国人对病原媒介物已如此了解；对狂犬病的防治，又萌发了中医免疫的萌芽；对疟疾的用药，青蒿绞汁的应用，是现代青蒿素治疟疾的先声；对水肿病症的发展及治疗，首次采用汞剂利尿，又用腹腔穿刺放腹水，这是继《内经》后的又一详尽记载。在创伤和化脓性感染等外科方面，它认为疮疡痛肿是由"毒气"所致，并提出了洗疮术，用热水、盐汤、酒、醋等清洗，加之不同的引流方法治疗创伤和脓肿。在外科手术方面，记录了肠吻合术和四肢骨折及软组织挫伤使用的竹片夹裹固定法，另还有下颌关节脱位整复术。另还有一些急症的处理方法，如抢救自缢者、治误吞钗者、治小腹满不得小便、药物灌肠通大便等。

《肘后方》原书86篇，后经南朝名医陶弘景删节，合为79篇，又增补22篇，定为《肘后方百一方》；金代（1144）杨用道又作增补，成今本之《肘后备急方》。

《肘后方》反映了中国3～4世纪前临证医学的成就，其方法的简单易行，药物的价廉易得，对普罗大众的卫生保健发挥了重要作用；同时，它还促进了医药知识在民间的传播，对后世中医产生了极大的影响，在医学史上占有重要地位。许多治疗方法，至今仍被采用。明清时出现的走方医、铃医，也当是受葛洪医学思想的影响。

## 坞壁庄园广泛出现

　　从曹魏末年到西晋，土地兼并现象日益严重；大地方庄园越来越多，越来越大。到了十六国大乱的混战年代里，中原士族及百姓纷纷南迁，留在北方的世族豪强地主为了抵御胡族的铁骑的侵犯，往往聚族合宗而居，筑成很多坞壁，割据方里。族中地位最高、能力最强的人被推举为宗主，统领整个宗族。这些广泛出现的北方坞壁庄园，控制的田庄非一般地主庄园可比拟。在庄园中聚居的人多则四、五千家，少则上千家。这些人多是受荫庇的部曲、佃客，他们的前身则是东汉时一批脱离自己土地而依附于大地主的宾客，后来由于人身依附关系的加强，逐渐沦落为半农奴。

　　坞壁庄园是一种融政治、军事、经济力量于一身的强大实体。庄园内有自己的军事武装，以保护自己的田庄。武装起来的佃客就是部曲，他们接受一定的军事训练，战时参战，战争一结束，部曲就和其他的佃客一起从事生产。庄园主往往带领自己的部曲投奔某一政治力量，以参予政事，由于北方坞壁庄园有如此雄厚的政治和军事力量，因此能在动荡的政局中站稳脚跟，为各代政权所依靠和利用。

　　坞壁庄园的经济则是典型的封建性质的自给自足的自然经济，庄园几乎能供应自己所需的一切生活必需品。有田庄植桑麻，种庄稼以供衣食，还有生产水果、蔬有的果园、菜园，有养殖牛羊鸡鸭的畜牧场，甚至木材、器械、燃料、脂烛等均能竹产。除了食盐以外，坞壁庄园可以生产几乎全部日用必需品。

　　汉族豪强地主所控制的北方坞壁庄园，是从西晋末年一直到北魏的一段时期内，封建政权失去控制，乡村基层组织陷于崩溃的状态下，迅速发展、广泛出现的集军事、政治、经济三位于一体的社会基层政权。这些坞壁庄园基本是独立的，在它出现和发展时具有一定积极的历史意义，它使自己势力范围内的人民的生活和农业生产免遭战争的破坏，巩固了世族的经济地位，也就稳定了他们的政治地位，从而保护了整个封建经济和封建秩序，使当时的北方政局在一定程度上得到稳定。同时，在当时的民族大融合中起了汉族文明重要的母体作用。

　　在社会秩序逐渐安定的情况下，坞壁庄园的广泛出现并无限度发展，使得国家经济利益与坞壁庄园经济利益之间，坞壁庄园内部庄园主与部曲、佃

客之间的矛盾开始产生，并逐渐扩大。国家须考虑增加编户齐民的数量，欲从坞壁庄园内挖掘劳力，提高国家收入。并籍希望以此来缓和阶级矛盾，于是北魏时期就提出并实施了均田制，自此北方坞壁庄园经济开始受到抑制。

## 前燕罢断荫户

前燕建熙九年（368）9月，燕主慕容暐下令禁断荫户。

北方诸胡族中，鲜卑慕容氏汉化程度较深。其所建（前）燕没有采取胡汉分治政策，民族隔阂较少。前燕建国后，都城由蓟迁至邺城，其统治中心亦随之南移中原。各地土著编民不堪（前）燕重赋苛役之苦，竞相投附鲜卑王公贵人和汉族世家大族，以求得荫庇。鲜卑王公贵人亦仿效中原的荫户制，各自庇荫大量荫户，以致超过国家直接控制的民户，严重地影响了国家收入，以致朝廷财政危机严重。而当时（东）晋、（前）秦与（前）燕对峙，各有吞并之心，鉴于这种严峻形势，尚书左仆射广信公悦绾上表，建议罢断荫户，一切民户归还郡县。燕主暐遂于建熙九年（368）9月下令禁断荫户，并命悦绾主管其事，结果查出20余万户。虽得罪朝廷上下，但国库却因此而增收。后悦绾为慕容评指使的刺客所杀，罢断之事因此中止。

## 道安南下襄阳弘法译经

兴宁三年（365）三月，燕军攻克洛阳。道安为避战乱，带领僧团弟子慧远等400余人，自陆浑山（河南嵩县东北）南投东晋治下的襄阳。此后到太元四年（379）被前秦军虏送长安，在襄阳居住近15年，是道安弘法、著述的重要时期。

道安俗姓卫，永嘉六年（312）生于常山（治在今河北正定南）扶柳，12岁出家为僧。后游学至邺，拜佛图澄为师受业。今年到襄阳，先居白马寺，后建檀溪寺，论经说法，齐讲不倦。四方学士竞来拜师问学。名儒习凿齿，名士郗超，均与道安往还。司马曜（晋孝武帝）崇仰道安风韵，特诏官府，供他以王公俸给待遇。为适应朝野崇玄之风，道安弘法，著意讲"般若经"，每年讲两遍，15年皆然。又博览经典，参互比照，解难析疑，注"般若"、"道行"诸经。道安撰成《综理众经目录》1卷，后人称之《道安录》或《安录》。此书是第1部佛经目录学的著作。道安又创始戒规，在中国佛教史上，为僧尼设立轨制，亦道安开其先河。

动荡中的文明

## 371 ~ 380A.D.

# 东晋

371A.D. 晋太和六年、太宗简文皇帝司马昱咸安元年 代建国三十四年 秦建元七年 前凉太清九年

十一月，桓温废晋帝为东海王，立丞相会稽王昱为帝。

372A.D. 晋咸安二年 代建国三十五年 秦建元八年 前凉太清十年

三月，苻坚令关东选送民之通一经一艺者，吏百石以上不通一经一艺者罢为民。六月，苻坚以王猛为丞相、中书监、尚书令。

373A.D. 晋烈宗孝武皇帝司马曜宁康元年 代建国三十六年 秦建元九年 前凉太清十一年

七月，桓温死。

375A.D. 晋宁康三年 代建国三十八年 秦建元十一年 前凉太清十三年

七月，王猛死。十月，苻坚禁老庄、图谶之学，犯者弃市，又令公卿王侯子弟及将士皆执经受学。

376A.D. 晋太元元年 代建国三十九年 秦建元十二年 前凉太清十四年

八月，苻坚击凉州，前凉亡。十一月，苻坚击什翼犍，破之。代亡。

378A.D. 晋太元三年 秦建元十四年

二月，苻坚遣将侵沔中，四月，围襄阳。九月，苻坚遣使入西域。

379A.D. 晋太元四年 秦建元十五年

二月，苻坚陷襄阳，成都，苻坚使吕光击破之。五月，苻坚南犯，六月，谢玄等连破之于三阿、盱眙、淮阴，又大破之于君川。书法家王羲之去世。

371A.D.

波斯第三次对罗马战争起（371～376），此次双方无显著胜负。

374A.D.

百济以高兴为博士。自开国以来未有文字，至是始有书记。匈奴渡顿河，侵入东哥特国境，东哥特国王兵败自杀。

375A.D.

匈奴击溃西哥特王军。

376A.D.

西哥特人渡多瑙河，入罗马帝国境。

378A.D.

罗马帝国东部皇帝瓦伦士亲征西哥特人，罗马军大败，瓦伦士战死，罗马大震。

# 桓温废立晋帝独揽大权

东晋太和六年（371）十一月，大司马桓温废晋帝司马奕为东海王，改立丞相、会稽王司马昱为帝，是为简文帝，独掌朝政。

十六国时期庄园生活壁画。它描绘了东晋十六国时期吐鲁番地区的生活场景。

东晋大司马桓温自以为才干威望盖世，无人能及，常慨叹："男子汉不能流芳百世，亦当遗臭万年。"他三次北伐，欲建功业以提高政治威望，然而第三次北伐枋头大败，使其声望大跌，被迫还镇姑孰（今安徽当涂）。为雪耻恨，恢复昔日名望，桓温又出兵寿春（今安徽寿县）挫败晋叛将袁瑾。但参军郗超以为要重立威权，镇服四海，只有仿效伊尹放太甲、霍光废昌邑王事才能建功立业，桓温于是与郗超密谋废帝之事。造舆论说司马奕有暗疾，他们大造舆论，说晋帝的三个儿子是嬖人相龙、计好、朱灵宝与美人田氏、王氏所生，如不废之，将混乱司马氏血统。太和六年（371）十一月十三日，桓温拜见褚太后，请求废掉晋帝另立丞相会稽王司马昱为帝，并呈上事先准备好的废立文告。太后过目数行说："我亦怀疑皇帝生三男之事"，于是同意废立。十五日，桓温召集文武百官宣布了太后的命令，废晋帝为东海王，立会稽王、丞相司马昱为新帝，并改元咸安。十二月，桓温再贬东海王为海西（今江苏连云港南）县公。

桓温改立新帝后，继而将矛头转向一些与其不合的皇族及朝臣。桓温一向忌恨武陵王司马晞，曾上奏简文帝要求免去其太宰之职；同时，广州刺史庾蕴也与桓温有宿怨。另外殷浩去世时，桓温曾派人前往吊唁，但殷浩的儿子殷涓却不给桓温复信，更没有去拜望桓温，且与武陵王司马交往。咸安元年（371）十一月十七日，桓温诬陷武陵王司马晞谋反，罢免其官职，并乘机贬新蔡王司马晃为庶人，杀掉殷涓、庾倩、庾桑等人，并诛灭族人，将殷、庾两大强族的势力削除殆尽。自此，桓温威震朝野，独握大权。二十六日，简文帝下诏任命桓温为丞相，保留其大司马职位，想以此将桓温留在京城。但桓温为了保持军事实力，决定离开京城，坚辞再三，最终还归姑孰。

咸安二年（372）六月，简文帝去世。桓温原本指望简文帝司马昱禅位于他，或居摄朝政，但二者均未如其愿。桓温于是拒绝入朝，直至宁康元年（373）二月才到建康朝见孝武帝，并带兵入朝。一时建康人心慌乱。由于侍中王坦之、吏部尚书谢安应付自如,桓温才没有发难。晋朝得以安宁。三月,桓温退回姑孰。七月,桓温在姑孰病死,终年 61 岁。

## 王猛去世

前秦建元十一年（375）七月,丞相王猛因病去世,享年 51 岁。

王猛（325～375）,字景略。北海剧（今山东昌乐西）人。自幼家境贫寒,年轻时以贩畚箕为生。东晋大将桓温入关时,他曾往见,畅谈天下大势,但未得重用,后被前秦苻坚征召为谋士,深受信任和重用,官至司徒、录尚书事。期间,他整顿吏治,压制不遵守法令的贵族;推举贤能,加强中央集权;注意发展农业生产,引导百姓从事粮食生产,以增加财政收入;提倡儒学,推行教化,使前秦国内政局比较安稳、国势增强。

前秦建元六年（370）,王猛亲自统率大军东征,灭亡前燕。此后,苻坚任命王猛为使持节、都督关东六州诸军事,镇守邺城。建元七年（371）十一月,王猛认识到六州责任重大,于是上奏苻坚,请求改授贤能之士,自己另求一州,负责治理。苻坚看后,随即派遣侍中梁谠到邺城宣旨,认为我与你义则君臣,亲过骨肉。齐桓公有管仲,燕昭王有乐毅,刘备有诸葛亮,我现在有了你,远胜于他们。作为一国之君,应当积极谋求开拓疆土,并以得天下人才为乐。如今既以六州重任托付与你,使我无东顾之忧,这并不是优待你,实在是我相信你能治理好。王猛见此肺腑之言,大为感动,于是便留守邺城。苻坚、

王猛像

王猛君臣关系融洽,感情笃深。王猛不遗余力为苻坚施展军政才干,辅助他治理国家,前秦因此兴盛起来。

建元八年（372）六月,苻坚将镇守邺城的王猛调回国都长安,拜为丞相、中书监、尚书令、太子太傅、司隶校尉,让其出掌行政大权。同时任命阳平公苻融为使持节、都督六州诸军事、镇东大将军、冀州牧,代替王猛镇守邺城。后来由于苻融在冀州（今河北临漳）擅自兴办学校,被有司弹劾。八月,苻融派高泰到长安申辩。高泰到长安后将此事告诉王猛,并指出兴办学校本是于地方有利之事,但不仅没得到朝廷嘉奖,反而受到责难。如果这样,以后谁还敢为朝廷出力?

动荡中的文明

晋代牛耕砖画。本图为一男架牛梨地，再现了当时的农业生产活动。

王猛认为高泰言之有理，立即答应免苻融罪名，又向秦王苻坚荐举高泰。因此，王猛深得苻坚信用，又兼都督中外诸军事，集军政大权于一身。

建元十一年（375）六月，王猛病重。临终前他劝告苻坚，认为东晋虽然偏居吴越一隅，但它秉承正朔，国内团结，没有向外挑衅的意图和举动，希望前秦不要去进攻东晋，而应留心内部的鲜卑、西羌等部落叛乱。七月，王猛去世。苻坚悲痛万分，对王猛如此快地离开他撒手西去叹息不已，并认为这是上天不愿让天下统一、百姓得享太平的标志。随即下令按汉朝时安葬霍光的礼仪隆重安葬王猛。

## 江南大地主庄园经济形成

三国两晋南北朝时期，江南大地主庄园经济逐步形成，并在社会生活中占据了越来越重要的地位。

大地主庄园经济是同这一时期士族政治紧密相联的。三国时期，孙吴政权依靠拉拢江南大世族，这些大世族是孙吴政权的拥戴者和协助者，并逐渐成为孙吴政权的支柱。江东大世族本来就有大量的田地，并拥众多的部曲（私兵、家兵），而且在协助孙吴割据过程中又增加了部曲的数量。皖锑世族渡江时亦带大批财产和部曲佃客，拥有雄厚实力。孙吴政权曾大规模屯田开荒，在政权巩固后又对大量土地和土地上的农民赏赐给世族功臣，江南大地主庄园经济开始初步形成。

西晋永嘉之乱后，晋元帝南逃，这时江南虽已经孙吴政权大力开发，但仍有许多无主的荒地，加上南下人民急需土地生产生活，所以当东晋王朝在江南站稳了脚跟后，随之南下的豪强世族就开始抢占田园，聚集人口，建立起许多跨越州郡、方园数十甚至数百里的大地主庄园，这些南下的豪强地主与原有的江东、皖北世族一起建立大地主庄园，这些庄园无论是经济力量、军事力量、政治力量，都异常强大，可以与国家比肩，成为东晋及以后南朝各政权的支柱。

江南的大地主庄园具有半奴隶制性质，除与北方坞壁庄园一样拥有大量部曲、佃客外，还有许多称作门生故吏的人。门生故吏本是东汉以来方面大吏的幕僚，随时代的变化，地位逐渐下降，演变为接近部曲和佃客阶层。除此之外，江南大地主庄园内还有大量的奴隶。在庄园内门生故吏地位在所有依附者当中地位最高，其次是部曲、佃客、奴隶婢仆。这些依附者均是大地主庄园内的劳动者、生产者，不同的是前两种还要服兵役，是庄园的武装保护者。

在大地主庄园内，门生故吏、部曲、佃客、奴隶婢仆都从事生产劳动，在庄园的田地里种植庄稼，菜园里种植各种蔬菜，果园里种植各种水果，林场则提供所需的木材和药材，各种牲畜及鱼虾，庄园里还有女客织各季衣物，另有炭窑、陶窑、砖瓦窑等各种窑场。江南大地主庄园里所用生活必需品应有尽有，而且自给自足，是最典型的封建性质的自然经济。

随北方豪强世族的南下，北方先进的农业技术推广到南方，为全国经济重心南移奠定了基础，也为稳定封建王朝的法律秩序和经济秩序起了重要的作用。随着江南大地主庄园经济的发展，与国家利益间的矛盾、冲突日益加大，随后国家则有一次次的土断、户籍检括等手段制庄园的进一步扩大，使庄园与国家、依附者与庄园主之间的矛盾趋于平衡。

## 前秦统一北方

前秦建元十二年（376），前秦攻灭前凉、前代，并进占东晋梁、益2州，前秦遂统一北方。

前秦建元六年（370），前秦攻占邺城，灭前燕，除掉了北方最大的强敌。建元九年（373）冬，前秦派王统、朱肜率军2万由汉川出击，毛当、徐成率军3万由剑门出击，进攻东晋。十一月，他们分别攻克汉中、成都等地，占取东晋梁、益2州。邛、笮、夜郎等都向前秦称臣。

河北易县出土"大秦龙兴代古圣"瓦当

建元十二年（376）七月，前秦主苻坚派武卫将军苟苌、左将军毛盛、中书令梁熙、步兵校尉姚苌等率步兵骑兵13万，向西攻击，征讨前凉。8月，前秦兵至前凉境内，前凉骁烈将军梁济投降。于是，苻坚派出使者赴前凉命令前凉主张天锡到长安，张天锡大怒，杀前秦使者，并亲自领兵5万集结金昌（今甘肃古浪）准备抵御前秦进犯。秦苌率士兵3000人为前驱发起攻击，前凉将马建率万余人迎降。于是前秦军全

线出击，大败前凉常据，常据也兵败自杀。前秦军乘胜追击，与前凉将赵充哲在赤岸（今甘肃武威南）一带激战，斩杀前凉士卒 3.8 万人，充哲战死，前秦大军进兵至姑臧城（今甘肃武威）。张天锡见此担惊受怕，亲自出城督战。由于城内前凉兵反叛，遂率数千骑仓惶退守姑臧城。前秦兵乘势追至城下，张天锡被迫率众投降。至此，前凉灭亡。前凉共传 9 主，历时 75 年。符坚封张天锡为归义侯，任命其为北部尚书，并将其手下豪强 7000 余户迁到关中。不久，符坚又任命梁熙为凉州刺史，管理地方事务。由于梁熙治理有方，凉州局势得以安宁。

前秦灭前凉后，立即着手攻击代国。在此之前的前秦建元十年（374），匈奴铁弗部首领刘卫辰为代王什翼犍所迫，逃至前秦，向秦王符坚寻求救助。符坚随即任命幽州刺史、行唐公符洛为北讨大都督，率领幽州、冀州兵 10 万北上讨伐代国；同时命令并州刺史俱难、镇军将军邓羌等率步骑兵 20 万，分东、西两路向北出击，与符洛会师，并以刘卫辰为向导。建元十二年（代建国三十九年，376）十一月，代王什翼犍让鲜卑白部、独孤部抵御前秦兵，但均遭失败。于是又让南部大人刘库仁率 10 万骑兵迎战前秦兵，也大败而归。当时正值代王什翼犍生病，不能亲自率兵应战，只得率部逃往阴山以北。不久，代国部落离散，代王又因高车部落反叛，不得已又退回漠南。十二月，代王什翼犍回到云中（今山西原平西南），因王位继承问题，代王室发生内讧，庶长子寔君杀什翼犍及诸弟。前秦军乘机发动进攻，杀寔君。什翼犍孙拓跋珪与母亲贺氏投奔贺兰部酋长贺野干之子贺讷。至此代国灭亡。代自建国到为前秦灭亡，历时 62 年，共 7 代。代灭亡后，符坚召代国长史燕凤，探讨代国内讧的原因，并采纳了燕凤建议，于建元十二年（376）十二月下令，以黄河为界，将代国版土一分为二，分为东、西两部，东部属南部首领刘库仁，西部属铁弗部首领刘卫辰，并给他们封官进爵，让他们管理原代国百姓。

至此，前秦基本上统一了北方，地广兵强，与南方的东晋以淮水为界，隔河相对。

# 晋建北府兵

东晋孝武帝太元二年（377）十月，东晋朝廷担心前秦强盛，遂命谢玄负责筹组新军。此支新军在历史上号称"北府兵"。

东晋大司马桓温认为集中在南徐州、南兖州一带的北来侨民不仅人多而且勇武，在"土断"之后，就想把他们编组成一新军，但计划尚未实施，桓

动荡中的文明

谢玄像

温便得病而死。

桓温死后，谢安掌握大权，为充实长江下游的军事力量，拱卫首都建康和扼制上游桓氏势力东山再起，抵御前秦南下等，谢安也打算成立新军。孝武帝太元二年（377）十月，朝廷任命谢安侄子谢玄为南兖州刺史，负责筹组新军。谢玄随即把南兖州的军事治理机关从京口（今江苏镇江市）移到广陵（今江苏扬州市），南徐、南兖两州侨户纷纷应征入伍。当时彭城（今江苏徐州市）刘牢之等数人以骁勇应选。谢玄并任命刘牢之为参军，率领精锐作为前锋。因为晋朝百姓称京口为北京，所以当时人称这支军队为"北府兵"。

太元四年（379）五月，前秦兵俱难、彭超部进攻淮南，并包围三阿。北府兵援救三阿，一战告捷，逼前秦兵向北退逃。八年（383）淝水之战，北府兵更是表现神勇，成为击败前秦的中坚力量。

北府兵的军事实力使它成为各政治集团争夺的对象，北府将领也成为左右东晋政局的重要力量。隆安元年（397）兖州刺史王恭统帅北府兵，以诛杀王国宝为名起兵，逼迫司马道子将王国宝杀死，自此北府兵成为干预朝政的力量备受注目。次年王恭再次带兵，但因北府将领刘牢之不予合作，并倒向司马元显，致使王恭兵败被杀。元兴元年（403）桓玄起兵向东进犯，正因为刘牢之也为其收买，所以桓玄才得以攻入建康。而桓玄后来失败，也是因为北府将领刘裕起兵讨伐的缘故。刘裕起兵后任徐州、兖州刺史，尽握北府重兵，为此后执掌东晋政权并取而代之奠定了基础。在东晋后期，北府兵成为左右东晋政局的一支决定性力量。

## 秦禁老庄图谶

前秦建元十一年（375）十月，苻坚诏令天下尊崇儒学，禁止老庄图谶之学，有违反者处死。

前秦建元时期，秦主苻坚大力整肃政制，并十分推崇儒学。建元之初，苻坚就诏令全国广修学宫，征召郡国学生熟读一经以上者入宫学习，公卿以下子孙也一并入宫受业，并亲临太学检查诸生经义研习情况，与博士研讨儒学。建元八年（372）三月，苻坚又下诏，命令关东各郡县对能熟读一经、有一技之长者以礼相待，并将他们送往长安。同时罢免那些官级在百石以上而不能熟读一经、又无一技之长者，将他们一律贬为百姓。十一年（375）十月，苻坚更下诏尊崇儒学，禁止老庄图谶之学，如有违反者处死。并令公卿王侯子弟及将士都要诵读儒学，并为他们配备老师，教读音句。后宫内也设典学，选宦官、婢女等也拜博士为师学习。当时尚书郎王佩违反诏令诵读图谶之书，苻坚也下令处死。于是，无人再敢诵读老庄图谶之学，儒学得以为天下尊崇。

# 谢安执政

东晋太元元年（376）正月，谢安被授与中书监、录尚书事等职，执掌东晋大权。

太元二年（377）七月，东晋朝廷任命尚书仆射谢安为司徒，谢安不愿由此而失去实权，因而谦让而不受。东晋朝廷给谢安另加授侍中、都督扬、豫、徐、兖、青五州诸军事职，谢安才愿意上任。

谢安是名士，有注重大事而忽视小事的缺陷，喜爱音乐，也喜欢登山宴饮，挥麈清谈，举止风度为人爱慕。参与国家政事后，他为牵制桓温，保护晋廷立下了汗马功劳。执掌东晋政权后又采取措施防止谢氏家族权势过盛，并妥善安排当时已失势的桓氏家族，使他们各得其位，保证了东晋政局的相对稳定。谢安在位时还破格提拔人材，放手任用，为东晋在弱势情况下取得淝水之战的胜利创造了有利条件。

谢安像。东晋著名宰相谢安与侄子谢玄在淝水之战中扮演了重要角色。

后来谢安受到司马道子排挤，迫不得已上疏自求北伐，未得同意，不久得病，于太元十年（385）病死。

# 魏晋经典注释进一步发展

　　魏晋南北朝时期，大一统的政治局面彻底崩溃，儒学独尊地位有所下降，佛教、道教十分活跃而盛行，但儒家思想的统治地位并未动摇，儒家经典仍是各国太学中修习的主要科目。由于玄学思潮盛行，两汉经学思想被替代，对经典的研究和重新注释迫切而必要，从而促使魏晋经典注释的进一步发展。

　　曹魏、晋初，王肃一度打破东汉经学大师郑玄经学的一统天下的局面，他秉承深厚的家学渊薮，学问渊博，在广泛汲取贾逵、马融及荆州学派的宋志之学、遍考经史，自成一家，其经注多是驳郑之作，纠正了郑玄的不少荒诞之说，弥补了郑学的疏漏，引起了王学和郑学的论争，但带有浓厚的政治色彩。随着司马氏集团政治势力的扩张，王肃的学说和其父王朗的《易传》被列于官学，他也成为当时的经学大师，其学说在西晋广为传布，郑学的地位被彻底动摇，事实上，是时代发展对经注哲学体系提出了新的要求，给学术思想注入了一股新的生机。

　　玄学经学以何晏、王弼为代表，他们以道家老庄思想解释儒家经典的注说，它不拘章句，重在义理，更多的是发挥注释者自身的见解，多从性理着手，发挥玄理，完全突破了郑、王训诂学的汉代传统，使经学发生了崭新的变化。《论语集解》、《周易注》分别是何晏、王弼的代表作。

　　两晋经学在创建新注方面有可观的成就，西晋杜预所著《春秋左传集解》和《春秋释例》，其经注的突出特点是视经为史，将《春秋》和《左传》按年相配，合并加以阐释，以《左传》纠正《春秋》的一些讹误，认为《春秋》记周公遗制，由孔子发挥以匡正时弊的，因为周公地位高于孔子；经常为臣下辨护，并不一味袒护君王，其对《左传》的注解非常精密详备。东晋韩康伯所注《系辞》则以玄解《易》，是对王弼《易》学的继承和发展。范宁则是玄学经学之外自成体系的经学大师，所著《春秋谷梁传集解》不主一家，广集博采，兼用三传，重视古经文学和郑学的成就，尤其重视札预，常有责君之言，以《传》为标准纠正《经》文的失误，直接批评《谷梁》的错误，不加曲护，以宗法礼制为标准区分华夷，反对《谷梁》以民族地域为标准扬华抑夷的观点。

　　由于派别众多，魏晋经学未能形成统一局面，也没有象汉代那样形成系统的学术思想，但仍有显著的成就，使经典注释更趋严密化。

首先，注释范围相应地扩大了，所有古代文献被纳入注释的范围，除了传统的经书注释外，大量的史部、子部和集部的著作都已开始出现了注本，如吴韦昭《国语注》，晋徐广的《史记音义》，刘宋裴骃的《史记集解》，裴松之的《三国志注》等都属史部著作的著名注本，尤其《三国志注》征引宏富，侧重史料补充，对后世影响很大。

其次，注释形式也长足进步，这时发展起来的注释形式主要有集解、义疏和音义三种，所谓集解，是指汇集各家的注释而成的学术总结性质的注本。如何晏《论语集解》、裴骃《史记集解》等。义疏体是六朝时产生的一种新的注疏形式，乃是疏通文义，它受佛教讲经的启发而产生，实际上是讲解经传的记录或讲稿，具有句子串讲的性质。流传下来的注释体著作有皇侃的《论语义疏》。这种著作比汉儒的注释更为详细，不仅串讲文章，阐发章旨，而且申述全篇大意。这种形式直接影响了唐代的经典注疏，孔颖达的《五经正义》就是这一形式的发展，它标志着单纯注释向注释与考据相结合新体式的转变。

再次，将注音和释义结合起来注释音义，这一形式产生于东汉末年，而陆德明《经典释文》则是流传至今最早而又最完整的音义体注释书。此书共30卷，解释了《周易》、《尚书》等14部古代文献。它采用先对疑难词语注音，后释字义，作文字校勘，或采用集注形式，有选择地征引前人注释的方式，搜集材料十分广泛，仅六朝音切就有230多家，包括大量释义和版本异同的材料，对后代音韵、训诂、校勘的研究都有重要的参考价值。

魏晋经典注释的发展及成就彻底打破了汉代经学固陋、僵化的敝病，丰富了经学内容，为经学的进一步发展创造了新的契机。

# 秦晋争夺中原

建元十二年（376）末，前秦苻坚消灭前凉、代，统一了北方，与东晋相峙于淮河。十四年二月，前秦军进攻东晋，与东晋展开了一场争夺中原的战争。

建元十四年（378）二月，苻坚派征南大将军、长乐公苻丕等率步骑兵7万进攻东晋重镇襄阳（今湖北襄樊）。当时据守上明的东晋荆州刺史桓冲也拥兵7万，但因他惧怕前秦

东晋鎏金木芯马镫

十六国时期燕居与出游壁画

兵强盛，竟不派兵救援。固守襄阳城的东晋梁州刺史朱序率军与前秦军展开拉锯战。建元十五年（379）二月，襄阳都督李伯护叛晋，暗中派遣其子与前秦军相约，并为内应，苻丕得以攻克襄阳。

建元十四年（378）七月，苻坚命前秦兖州刺史彭超为都督东讨诸军事。八月，彭超围攻彭城（今江苏徐州）。建元十五年（379）二月，东晋兖州刺史谢玄率万余人救援彭城，进兵泗口（今江苏铜江西南）。经过数次交锋，彭城终于为前秦军占领。与此同时，苻坚又派后军将军俱难、洛州刺史邵保率步骑兵数万攻下东晋淮阴（今属江苏）、盱眙（今属江苏）等城。建元十五年（379）五月，彭超、俱难又集中步骑兵 6 万，将东晋幽州刺史田洛包围在三阿（今江苏宝应）。东晋派谢玄自广陵出兵救三阿。五月二十五日，俱难等战败，退守盱眙，三阿之围也因此而解除。六月七日，谢玄与田洛率兵 5 万进攻盱眙，再次击败前秦军，接连攻克盱眙、淮阴。在战斗中，前秦将邵保战死，俱难等退兵淮北。谢玄和田洛乘胜追击，收复君川（今江苏盱眙北）。至此，秦晋在淮河流域的战事，胶着在徐州以南、淮水以北一带。

建元十四年（378）八月，前秦梁州刺史韦钟在西城（今陕西平利西）包围东晋魏兴（吉安，今陕西平利）太守吉挹。建元十五年（379）三月，为救援吉挹守军，东晋右将军毛虎生率兵 3 万进攻巴中（今属四川）。前锋都护赵福等进至巴西（今四川阆中），被前秦将张绍击败。毛虎生退守巴东（今四川奉节东）。当时蜀人李乌聚众 2 万围攻成都，响应毛虎生。苻坚于是派遣破虏将军吕光讨伐李乌。四月，前秦将韦钟攻克魏兴。

秦、晋大战中原，前秦军屡战屡胜，虎视东晋江山，引起东晋朝野震动。

## 东晋石刻线画复兴

石刻线画是两汉画像石盛极一时的产物，其法是在打磨平整的石面，以单线刀刻画出各种人、物图像。石刻线画有阳刻线和阴刻线两种，但阴刻线施刀容易，所以完全占据了统治地位，其拓片效果则是黑底上的白线描。

石刻线画在西汉时较为流行，西汉以后，由于凸雕、圆雕技艺的成熟，石刻线画逐步被摒弃不用，更多的保留于凸雕上的局部细节刻划，如人物五官、衣纹褶皱等。但石刻线画自汉末之后的衰落有更深刻的原因，那就是墓葬画像石的不再流行。

经营石墓葬要求有雄厚的财富，而且每经营一墓，无不费时殚力，所以它实际上只有当社会比较安定繁荣时才能存在。自东汉末至西晋，战乱迭起，四境不宁，豪宗强族往往破落，可以说，整个社会都已经缺乏财力和心绪再经营奢华的石墓葬，作为石墓装饰的石刻线画失去了最重要的载体，也就不免逐渐湮灭了。

自东晋建都建康（南京）之后，江南相对稳定了一段时期，经济逐步恢复发展，加上原西晋的豪门大族纷纷南迁，一时间，昔日的种种繁华景象又在江南重现，工艺美术因此也得到相应的发展，西域文化的传入亦影响了艺术的技法和题材。当豪奢的砖、石墓葬再度盛行时，石刻线画也就得以再生了。

刚复兴的石刻线画总体来说力量还比较幼弱，题材除了汉代的神话故事及青龙、白虎、朱雀、玄武四灵图外，拓展并不多。出现的新作中比较有名的是竹林七贤图，各种仿刻本极多，显然是当时比较流行的一种题材。现存的一幅残石旧拓本上，仍可看出画中人物形貌高古，线刻精确无失，体现了晋代工匠技艺上的造诣。

当时石刻线画不仅刻于石上，还刻于砖上。在江苏出土的《折边高帽人物像砖》上，就以熟练的刀法刻画了一个形貌狰狞、令人惊惧的胡人像，匠人运用粗犷的线条，信手勾勒、笔姿流畅，趣味盎然地反映了当时社会生活的一个小小侧面。

东晋是石刻线画复兴的一个开端，随之而来的南北两朝的石刻线画，才标志着一个时代中线描艺术的高峰。

晋代天水赵氏墓碑画像。墓碑尖首圭形，碑身两侧各刻供养人一。

## 围棋空前兴盛

三国时期，由于士族贵族喜好博弈，围棋开始得到发展，不但涌现了大批优秀棋手，而且建立了相当于今日段制的棋品制，甚至出现了棋法研究的专著。

在这一时期，士族贵族依靠他们特有的政治经济权利，过着奢侈而又闲适的生活。围棋作为一种高雅的消遣娱乐活动得到普遍的钟爱，因此，上至皇帝，下至王公大臣、文人学士都以此为乐。三国时曹操、南朝宋太祖刘裕、齐明帝萧鸾、梁武帝萧衍等都喜好围棋。齐明帝还建立我国最早的围棋管理机构。据《南齐书·王湛传》记载：齐明帝设置围棋州邑，任命建安王休仁围棋州都大中正（即负责察访举荐各地围棋名手的官员），王湛和其他四人为小中正，并专请当时有名棋手褚思庄、傅楚之担任清定访问（即公正详问人员）。齐武帝萧赜曾下令让当时一品棋手王抗评定棋手的棋品，梁武帝也作过同样的工作。可见这些棋迷皇帝对奕棋之道喜好之深。在他们影响下，王公将相、士卿大夫更是浸淫此道。三国时蜀将费祎常以早晨和黄昏处理事务，而其余时间除接待宾客外，就下棋娱乐。东吴名将陆逊即使在战斗余暇，也如往常一样与诸将奕棋。东晋大臣王导父子都善于下棋，尤以其次子王恬技术最精，时人评为第一，可谓围棋世家。

围棋活动的普遍开展，使当时涌现了许多围棋高手。据《南齐书·萧惠基传》载，南齐永明年间，萧惠基受命负责评定棋品事务，评出第一品棋手王抗，第二品棋手褚思庄和夏赤松。夏赤松思维敏捷，善于从大处着眼，褚思庄思维迟钝，但擅长巧斗。而北朝还出现一个更强的棋手范宁儿，水平胜过王抗。又据《南史·柳恽传》记载，当时被评选登格获品的棋手达278。甚至，在少年儿童中也不乏围棋高手。《南史·陆琼传》载陆云公之子陆琼年仅八岁，就被誉为围棋神童。南陈时期，司马申十四岁便会下围棋。

这一时期围棋品评实践结果产生了棋品制，即按棋手技艺高低分为"九品"。据魏国邯郸淳的《艺经》记载："夫围棋之品有九：一曰入神，二曰坐照，三曰具体，四曰通幽，五曰用智，六曰小巧，七曰斗力，八曰若愚，九曰守拙。九品之外，今不复云。"其实当时除九品之外，尚有"棋圣"之称。《抱朴子·辨问》曰："善围棋之无比者，则谓之棋圣，故严子卿、马绥明，于今有棋圣之名焉。"此外，《隋书·经籍志》里有《棋九品序禄》一卷、《棋后九品序》一卷、《围棋品》一卷等，这些可能都是讲述评定棋品的方式、方法的书。这种九品制后来传入日本，成为日本九段制的根据。

最后一种可以见出当时围棋发展水平的，是棋谱和棋法研究专著的出现。据《南齐书·萧惠基传》记载："宋文帝世，羊玄保为会稽太守，帝遣（褚）思庄入东与玄保戏。因制局图，还于帝前覆之"。这是关于录制名手棋谱的记载。至于研究棋法的专著，《隋书·经籍志》就载有《棋势》四卷、《棋势》十卷三种，《棋势》八卷、《棋图势》十卷、《棋法》一卷等。

381 ~ 390A.D.

# 东晋

383A.D. 晋太元八年 秦建元十九年

五月，晋遣将攻襄阳。七月，败秦兵于武当。八月，秦王苻坚大发兵分道南侵，企图灭晋。十月，晋遣谢石、谢玄等拒秦军于淝水，大破之，是为淝水之战。仇池公杨世背苻坚，奔陇西。

围棋定型。

384A.D. 晋太元九年秦建元二十年 后燕慕容垂元年 后秦姚苌白雀元年 西燕慕容泓燕兴元年

正月，慕容垂叛秦自立为燕王，攻秦长乐公丕于邺。三月，慕容泓据华阴，称济北王。姚苌称秦王。慕容泓为部下所杀，立冲为皇太弟。八月，晋谢玄等分道攻秦，连下河南诸县。十二月，慕容暐谋杀苻坚，事觉，为坚所杀。

385A.D. 晋太元十年 秦建元二十一年 苻丕大安元年 后燕二年 后秦白雀二年 西秦乞伏国仁建义元年 西燕慕容冲更始元年

正月，慕容冲称皇帝。慕容冲入长安，大掠。七月，姚苌部将俘苻坚，姚苌杀苻坚。苻坚子长乐公丕入晋城，即皇帝位 。

386A.D. 晋太元十一年 魏王拓跋珪登国元年 秦大安二年苻登太初元年 后燕建兴元年后秦建初元年 西秦建义二年 西燕慕容永中兴元年 后凉吕充大安元年

正月，拓跋珪即代王位。燕王慕容垂称皇帝。慕容冲为部下所杀，立段辽为燕王。段辽为慕容桓、慕容永等所杀，立慕容凯为燕王。凯为恒弟韬所杀。恒立慕容瑶为帝。慕容永杀瑶，立慕容忠为帝。代王拓跋珪改国号曰魏。姚苌称皇帝于长安。国号秦。慕容忠为部下所杀。秦王苻丕与慕容永战败死。永据长子，称皇帝。苻登大败姚苌于秦州，旋称皇帝。

389A.D. 晋太元十四年 魏登国四年 秦太初四年 后燕建兴四年 后秦建初四年 西秦太初二年 后凉麟嘉元年 西燕中兴四年

吕光称三河王。九月，仇池杨定称秦州牧、陇西王。

390A.D. 晋太元十五年 魏登国五年 秦太初五年 后燕建兴五年 后秦建初五年 西秦太初三年 后凉麟嘉二年 西燕中兴五年

七月，冯翊郭质起兵附苻登，讨姚苌。

十六国时期鎏金铜造像

## 慧远入庐山

东晋太元八年（383），高僧慧远入庐山，自此居东林寺 30 年，传经布道，使庐山成为中国南方的佛教中心。

慧远（334～416），俗姓贾，雁门楼烦（今山西宁武附近）人，受戒于道安。383 年，慧远欲往罗浮山（在今广东博罗境），途径浔阳（今江西九江市），为庐山幽静秀丽景致吸引，遂定居庐山。初居龙泉精舍及西林寺，后因弟子日渐增多，乃建东林寺居住。

慧远在庐山聚徒布道，讲授《般若经》、《法华经》和《涅槃经》，并先后撰有论述法性本体、神不灭和因果报应等佛教理论文章，阐述佛教哲学思想。另外，他还撰有力陈沙门不敬王者，沙门所以袒服等卫护、弘扬佛教的著述，最重要的有《沙门不敬王者论》、《明报应论》、《三报论》和《大智论钞序》等。

慧远像

慧远精通儒、道学说，注意用儒、道典籍来会通佛理。其讲学以佛为主，儒道为辅，故而吸引了许多文人学士同情、接受或信仰佛教。此外，慧远又倡导各派佛教学说，组织西来僧人译经，推动了有毗昙学、禅学和律学典籍在南方的流传。他本人也因此成为南方佛教的领袖，庐山则与北方长安的成为中国的两大佛教中心。东晋义熙十二年（416）八月，慧远在庐山去世，享年 83 岁。

## 秦晋淝水大战

东晋太元八年（383）十一月，前秦、东晋会战于淝水，前秦大败。

前秦建元十二年（376）底，前秦灭代，基本上统一了北方，与东晋相峙于淮水一线，并准备征伐东晋。建元十八年（382）十月，苻坚召集群臣商议，

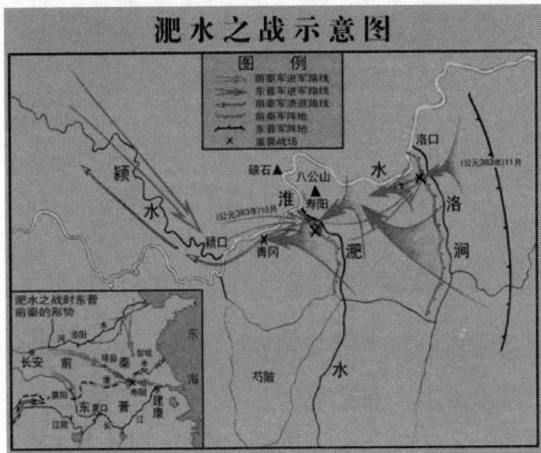

泥水之战示意图

要亲率大军南下，讨伐东晋。群臣有的表示赞同，有的则持相反的意见。其弟苻融也表示反对，认为前秦连年作战，将士已疲惫不堪，且国人又不愿与晋结怨，这样出征，利少弊多。太子苻宏、沙门道安、宠姜张夫人及幼子苻诜也先后劝谏，但苻坚不听，仍然固执己见。而当冠军将军、京兆尹慕容垂别有用心劝苻坚伐晋时，苻坚便大喜过望，认为"与我共定天下者唯有你一人"。于是伐晋之事决定下来。

建元十九年（383）七月，苻坚下诏大举伐晋，百姓每10丁中抽1人当兵（门弟较高的富家子弟），年20以下身体强健者都授羽林郎官号，以秦州主簿赵盛之为少年都统。八月初，苻坚派遣阳平公苻融督张蚝、慕容垂等率步骑25万为前锋，以兖州刺史姚苌为龙骧将军、监督益梁诸州军事。苻坚则亲自长安出发，率步兵60余万，骑兵27万，旌旗相望，前后千里。东晋闻讯后，任命尚书仆射谢石为征房将军、征讨大都督，以徐、兖二州刺史谢玄为前锋都督，与谢安子辅国将军谢琰、西中郎将桓伊等率兵8万迎敌，又命龙骧将军胡彬率水军5千援救寿阳（今安徽寿县）。至此秦晋之战一触即发。

十月，秦军前锋渡过淮水，攻下寿阳，生擒晋平房将军徐元喜。晋将胡彬闻知后退保硖石（今安徽寿县西北）。苻融命将军梁成率兵5万屯驻洛涧（今安徽淮南东淮河支流洛河），截断淮水水道，使胡彬无法东撤，同时又巩固了寿阳秦军防务。谢玄军主力自东向西推进，因惧怕前秦兵，驻兵于洛涧东25里处。苻坚为消灭胡彬部，亲率兵8千自项城赶赴寿阳，并派出东晋降将朱序劝降晋军。朱序私下为谢石出谋，趁秦军尚未集中之机出击，或许可击败秦军。谢石接受朱序建议于十一月初命前

后人绘泥水之战图

**085**

锋刘牢之率北府精兵 5 千渡过洛涧击败秦军，阵斩秦将梁成。秦军溃退淮水，士卒溺死者 1.5 万人。刘牢之纵兵追击，生擒秦扬州刺史王显等。秦军兵败退逃往寿阳。

东晋洛涧大胜后，乘势水陆并进，屯军于淝水东岸，与秦军隔水相望。十一月二日，谢玄派人前往苻融营中，要求秦兵稍稍向后移转，使晋兵渡河决战。苻坚与苻融打算趁晋兵渡河之机，突然以铁骑出击以打垮晋军，便同意谢玄建议。但由汉人及各族被奴役者组成的秦军不愿再战，听到命令后，一退不可收拾。这时被秦军俘获的晋将朱序乘机在阵后大喊：秦兵败了！秦兵败了！秦军阵势大乱，晋兵乘势渡河猛攻。苻融欲阻止秦军退却，却于乱军中落马被斩。秦军群龙无首，溃不战军，谢玄乘胜追击，直杀至寿阳城西 30 里处。秦军溃逃时，听到风声鹤唳，以为是东晋追兵，自相残踏而死者无数。苻坚身中流矢，单骑北逃。淝水之战遂以前秦的惨败和东晋的大捷而结束。

苻坚回长安不久，于 385 年被羌族将领姚苌刺杀，前秦瓦解。

## 东夷西域诸国最后一次入贡前秦

前秦建元十七年（381）二月，东夷西域 62 国入贡前秦，是为最后一次大规模入贡。

建元六年（370）十一月，前秦王苻坚入邺，前燕亡，前秦国威大振。其边境各族、部落及邻国遂竞相入贡。十三年（377）春，高句丽、新罗以及西南夷都入贡于秦。十四年（378）十一月西域 10 余国也来向前秦进贡，大宛国献上了汗血马。当时秦王苻坚曾作《止马诗》予以拒绝。十七年（381）二月，肃慎、天竺、羌抑摩、新罗、康居、于滇及海东等东夷西域共 62 国派遣使节入长安，向前秦进贡，这是最后一次大规模入贡。这些使节带来了各国的贡物如马、羊、火浣布等。十八年（382），车师前部王、鄯善王入朝。十九年（383）西南夷及海南诸国也相继带来地方贡物。频繁的交往使各地工艺品大量流入内地，前秦也从各国学到了许多先进技术与装备。

建元十九年（383）十一月秦晋大战于淝水，前秦失败，元气大伤，各国自此不再入朝长安，边境各族及邻国与北方各政权的交往盛况遂不复出现。

## 慕容垂重建燕国

前秦建元二十年（384）一月，慕容垂重建燕国，史称后燕。

前秦建元十九年（383）十一月，慕容垂以安抚北部边民的名义，脱离苻坚北上，十二月到达安阳，正好遇上丁零人翟斌起兵反秦。长乐公苻丕在派慕容垂率兵征讨的同时又命令广武将军苻飞龙杀掉慕容垂。不料计谋泄漏，慕容垂尽诛苻飞龙及其部属，然后联合丁零翟斌会攻前秦邺城，并密令慕容农起兵响应。以慕容德为车骑大将军、范阳王，慕容楷为征西大将军、太原王，翟斌为建义大将军、河南王，

辽宁朝阳出土后燕崔遹墓表拓本

慕容垂自称大将军、大都督、燕王。慕容垂改秦建元二十年为燕元年，立慕容宝为太子，封官拜爵，建立燕国，史称后燕。但邺城久攻不下，直到后燕慕容垂二年（385）七月，苻坚死，前秦邺城守将苻丕才率兵撤出邺城，返回长安，燕军进占邺城。随后，慕容垂定都于中山（今河北省定县），建元建兴。

后燕建立后，慕容垂引兵南征北战，所领疆土日益扩大。建兴元年（384）七月，翟斌谋叛被杀，其侄翟真逃往邯郸。稍后翟真死于内乱，其堂兄翟辽攻占黎阳，称魏天王，建元建光。翟辽死后翟钊继位。太元十七年（392），慕容垂灭钊，获得 7 郡的土地。十九年（394），慕容垂率兵攻打西燕，杀死慕容永。此后，后燕又攻取东晋青、兖等州等地，与后秦分据关东、西，是淝水之战后北方诸政权中较强盛的一个王国。

## 姚苌称帝杀苻坚

后秦白雀元年（384）四月，姚苌叛前秦自立，称大将军、万年秦王，建元白雀，史称后秦。次年八月，姚苌派人杀死苻坚。

姚苌（？ ~ 393），字景茂。南安赤亭（今甘肃陇西东南）人，羌族，姚襄弟。前秦寿光三年（357）四月，姚襄为苻坚所杀，姚苌于是率领其部众投降前秦，他竭力主张苻坚伐晋，想借苻坚兵败之机自立。前秦建元二十年（384）三月，

慕容泓起兵反秦。秦王苻坚派钜鹿公苻睿为统帅，姚苌为司马，讨伐慕容泓。四月，两军战于华泽，由于苻睿轻敌冒进，兵败被俘。姚苌派龙骧长史赵都、参军姜协向苻坚谢罪。苻坚怒杀赵都、姜协。姚苌闻知后十分恐惧，因而叛逃渭水以北牧马之地，自称大将军、大单于、万年秦王，建元立国，史称后秦。

白雀元年（384）六月，苻坚亲率步骑2万讨伐姚苌，屡败后秦军，并斩杀姚苌弟护军将军姚尹买。七月，因西燕慕容冲率军进击前秦都城长安，苻坚乃引兵回援。次年五月，西燕围攻前秦都城长安，双方展开了激战，前秦先胜后败。于是苻坚率数百骑兵出击奔五将山。七月，苻坚被姚苌部擒获。八月，苻坚被杀。东晋宁康十一年（386）四月，姚苌入长安称帝，改元建初，国号大秦。

## 慕容泓建西燕

前秦建元二十年（384）四月，慕容泓建立燕国，史称西燕。

建元二十年（384）三月，前秦北地长史慕容泓乘后燕王慕容垂进攻邺城之机逃往关东，收集鲜卑残部数千人，返回屯华阴（今属陕西），击败前秦将军强永。慕容泓自称都督陕西诸军事、大将军、雍州牧、济北王。秦王苻坚任命雍州牧钜鹿公苻睿为统帅，率兵5万讨伐慕容泓。四月，两军在华泽（今陕西华阴）相遇。前秦兵败，统帅苻睿自杀，这时，刚被秦将窦冲击败的慕容冲也率兵来投奔慕容泓，慕容泓的队伍增至10余万。于是慕容泓致函苻坚，请苻坚送还尚在苻坚朝中的前燕亡国之君慕容㬢。苻坚大怒，但待慕容㬢如初，同时命慕容㬢书信招谕慕容泓、慕容冲、慕容垂等。慕容㬢却秘密派遣使者告诉慕容泓不必顾念自己而努力建树大业。慕容泓于是改元燕兴，建立燕国，史称西燕。

西燕建立后，关内外鲜卑归顺者达10余万，一度声势浩大。六月，慕容泓因持法苛峻为部下所杀，其弟慕容冲继位。次年（385）正月，慕容冲在长安城外的阿房称帝，改元更始。更始二年（386）二月慕容冲被杀，段随称王，改元昌平。随后，西燕内乱不止，几易其主，最后由慕容永称帝，改元中兴。西燕中兴九年（394）八月，慕容垂率军与西燕军战于台壁，大败西燕，西燕灭亡。

## 吕光破龟兹国建后凉

前秦建元二十一年（385），吕光攻破龟兹国，并于次年十二月，自称凉州牧，建立后凉。

动荡中的文明

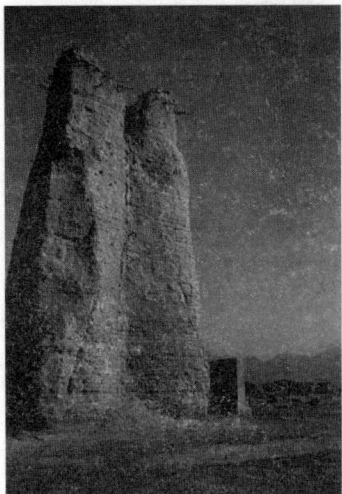

龟兹故城遗址

吕光（338～399），字世明，略阳（治今甘肃天水东北）氐族人。前秦苻坚时太尉吕婆楼之子。苻坚统一中原后，于前秦建元十八年（382），派吕光率兵7万和铁骑5千，进军西域。383年，吕光率军越过流沙300余里，沿途焉耆等诸国相继归附，只有龟兹王帛纯据城拒守，被前秦军包围。384年，吕光大破各方援军70多万，攻下龟兹，30余国投降。前秦兵在这次战役中第一次见到了新式装备连锁铠。吕光入龟兹城后，将汉朝赐给诸国的节符都换成前秦节符，立帛纯弟震为龟兹王。苻坚遂任命吕光为安西将军，都督玉门以西军事，西域校尉。淝水之战前秦战败后，长安告急，部将请吕光速归关中。吕光率师返至玉门关时，前秦凉州刺史梁熙指责他擅自还师，发兵5万，拒吕光于酒泉，为吕光击败。东晋太元十年，（385）九月，吕光进入姑臧城（今甘肃武威），占据凉州。十月，吕光得知前秦主苻坚被杀后，改元太安，自称凉州牧、酒泉公，建国后凉。

太元十一年（386）8月，王穆袭据酒泉。十二月，康宁自称匈奴王，彭晃叛据张掖。但吕光利用矛盾，很快将他们消灭。太元十四年（389）二月，吕光改称三河王，改元麟嘉。太元二十一年（396）6月，吕光即天王位，国号大凉，改元龙飞。

吕光在河西称霸，靠的是一支7万5千人的氐族军队。由于连年作战，兵员得不到补充，军事力量逐渐削弱。加之吕光晚年昏聩，听信谗言，部下离叛，政治腐败混乱，后凉国势遂日趋不振。399年吕光去世。403年，后凉为后秦所灭。

## 拓跋珪建北魏

晋太元十一年（386）四月，代王拓跋珪改称魏王，以魏为国号，史称北魏。

前秦灭代国后，代王什翼犍之孙拓跋珪先后流徙于独孤部和贺兰部。晋太元十一年（386）正月，拓跋珪在牛川（今内蒙古锡拉木林河）召开部落大会，即代王位，建元登国二月，拓跋珪迁徙到代国故都定襄郡的盛乐（今内蒙古和林格尔北）。在盛乐拓跋珪重视农业发展，使百姓休养生息，国力逐渐强盛。

北魏持剑武官俑

动荡中的文明

四月，拓跋珪改称魏王，改国号为魏。

拓跋珪即位后，先击败了高车、柔然和库莫奚，扫除了后顾之忧，然后联合他的舅舅慕容垂所建的后燕，灭掉了贺兰、纥突邻、纥奚、贺染干、贺讷等部，占据了刘库仁、刘卫辰后裔所蟠踞的地区。北魏自此兵力强盛，财力富饶。为求发展，拓跋珪决定与后燕争夺中原之地。他以慕容垂扣留其弟为借口，与后燕断绝关系。396年，拓跋珪率40万大军讨伐后燕，夺取并州（今山西），仿汉人制度建立台省，设置朝廷百官和地方的刺史、太守。凡有用人才都加以录用。397年，在巨鹿柏肆坞，后燕太子慕容宝乘夜进攻，魏军惊散，但拓跋珪终于设奇阵转败为胜。同年，魏军占领了后燕都城中山，398年攻取邺城。除山东半岛的南燕与东北的北燕外，太行山以东的中原地区基本上归入北魏版图。北魏成为塞外唯一强国。

## 王献之开拓新书体

东晋中晚期，书风极盛，尤其是王羲之的书法代表了"晋人法度"，名冠当世，直接继承羲之书法体势并同样对书法发展产生重大影响的是他的第七子王献之。梁武帝萧衍《书评》说："王献之书，绝众超美，无人可拟"。他与父羲之齐名于世，并称"二王"。

王献之（344～386），字子敬，小字官奴，官至中书令。他从七八岁时开始学习书法，一次羲之乘他专心写字时，猛然间从身后抽他的笔，竟没抽走，心里暗喜，知献之在书法方面定会有成就，就着意让他临摹自己的字，并专书《乐毅论》作为献之学书的范本。接着献之师法张芝，并精隶、真、行、草诸体，"后改变制度，别创其法"，使自己的书风独具一格。他作书时常是随兴挥洒，发自情怀，"虽权贵所逼，了不介怀"。曾取扫帚蘸上泥汁在墙壁上飞舞出方丈

东晋王献之《鸭头丸帖》

大的字，引来许多人围观。羲之恰巧看到，很表满意。

献之行草出于羲之而别有创意，"兴合如孤峰四绝，迥出天外，其峻峭不可量"，"雄秀惊人，得天然妙趣，内中多有飞白，为天上神品"。代表作有《鸭头丸帖》和《中秋帖》。前者笔丝上下相连，贯通一气，"笔画劲利，态致萧疏，无一点尘土气，无一分桎梏束缚"，天机流荡，浸润着一股逸气。它不同于其父草书的"破体"之风，颇能体现王献之气脉通连，绵延不绝的"一笔书"精神。

《书断》说献之"学竟能极，小真书（即楷书）可谓穷微入圣，筋骨紧密，不减于父"。《洛神赋玉版十三行》是他小楷的代表作，最有王氏风范。全帖神韵超逸，上下左右均能顾盼照应，富有节奏，分间布白，错落有致，而且将《乐毅论横势书体，改成纵势，深得楷书宗极，可以说，今楷书体的衍变过程到献之最终完成。

王献之传世墨迹不多，但在其父的基础上创意不少，而且所传墨迹，或为真迹或在很大程度上保留了真迹面貌，对后学者颇有益处。他与父亲的书法各成其道，"子为神骏，父得灵和"，既是旧书体的集大成者，又是诗书体的开拓者，在中国书法史上影响最大，被历代书者奉为楷模。

## 范宁出任豫章

东晋太元十四年（389）十一月，范宁出任豫章（今江西南昌）太守。

中书侍郎范宁，正直敢言，时常指斥奸党误国，尤其痛恨外甥王国宝阿谀奉承司马道子，于是遭王国宝与司马道子忌恨。太元十四年（389）十一月，范宁被任命为豫章太守。临出发，范宁上疏议政，提出4项建议：①针对中原士民侨置江左已久，人安其业，户口应当继续实行土断，"明考课之科，修闾伍之法"。②整顿郡县，规定不满5000户不得为郡，不满千户不得为县，以便征调赋税，差遣劳役。③提倡节约，反对奢侈，尤其不允许用数十户乃至上千户百姓作为礼物送给离任长官，以杜绝"力入私门"。④将原来以16岁为全丁，13岁为半丁改为20岁为全丁，16岁为半丁，以免"伤天理，违经典，困苦百姓"。孝武帝表示赞同。范宁到豫章后，派人到各县征问官长为政的得失。他还兴办学校，改革旧制，不拘常法，用自己的奉禄作为办学资费，远近求学者达千余人，深得当地百姓的爱戴。

## 行书、今草形成

魏晋时期，随着楷书由隶体的逐步衍变和最终成熟，行书、今草也在此基础上渐渐形成。

行书介于楷书和草书之间，笔势简易流行，灵活多变，既不像系篆草书那样草率难认，也不像楷书那样工整而费时费力。因此，早在西汉行书已经产生，但它是对时通行书体隶书笔迹和写法的简省，还不是现代意义上的行书。

"魏初，有钟（繇）、胡（昭）二家行书法，俱学之刘德升，而钟氏小异，然亦各有奇巧，今盛行于世。"（卫恒《四体书势》）行书真正成为一种书体与楷书的产生、发展有密切关系。钟繇（151～230）是魏初中国书法由隶转楷的过程中，上承秦汉篆隶下开魏晋楷法的宗师。他学习东汉刘德升的行书法，但有"小异"，说明他已在自己所创楷法的基础上对行书的发展有所推进。《书史令要》说他的行书如同正书，八分一样为世推崇，与他齐名的胡昭，也继承东汉行书并将它逐渐推广于当世，世称"胡肥钟瘦"。

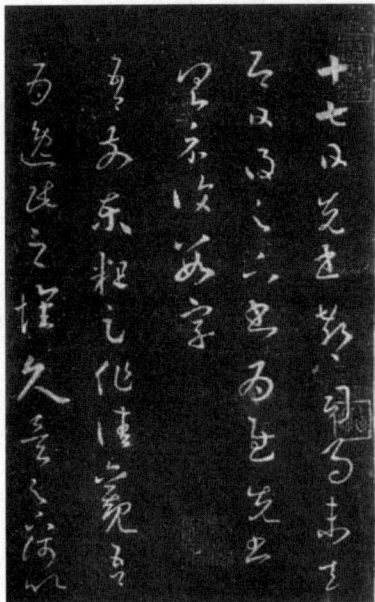

今草是草书的一种，由汉隶草写而成的章书演变而来。传说东汉张芝创了今草，使字前后相连，时人称为"草圣"，对委寇晋书法学影响很大。魏晋是章草和今草的交替时期，虽然还有许多章草大家，如吴时皇象、晋时索靖、卫凯等，但到西晋时已逐渐起了变化，开始向今草转化。特别是随着隶书的衰颓、楷书的兴起，章草向今草的转化成为一种必然的趋势，并在当时的简牍、纸书中逐步崭露头角，如西晋初秦始五年（269）十二月简中，背面"主簿梁鸾"的"鸾"字已有浓厚的今草意味，而新疆楼兰所出的晋人残纸中，有很多已属于今草的范畴。

王羲之《十七帖》。王羲之兼师张芝草法，钟繇隶字，又能顺应楷书发展的大势，创造出融会草、隶、楷为一体的新草。

经魏晋的发展，行书、今草到东晋王氏父子手中发展成熟，成为流行的书体。

　　王羲之（303～361）书法先专门后博取，然后"备精诸体，自成一家法"。他在钟繇楷法的基础上，更使楷书的用笔法构完全从隶体中脱略出来，把楷书最终独立成一种新书体，取代隶书成为后代的通行书体。他又在自己楷书新体的基础上把行书和今草推向书法艺术的高峰。

　　东晋永和九年（353），王羲之在会稽山阴兰亭雅集盛会上，乘兴写了《兰亭序》，成为天下第一行书，为后来历世的楷模。后充分发挥了行书灵活多变的特点，使行书纵逸放旷，"得其自然，而兼具众美"。《快雪时晴帖》也是羲之行书的代表作，是《三希堂法帖》之一。在羲之所创俊逸、雄健、流美的书风影响下，行书从此成为中国书法艺术中重要的书体之一，并一直流行至今。他的草书《上虞帖》又名《得书帖》，笔势灵动，遒润多姿，飘如游云，矫若惊龙，信手万变之中爽爽一种风气，历来被书家奉为今草的范本。从此使今草"大行于世，章草几将绝矣"。羲之的行书，草书对后代影响至远。

　　羲之的第七子王献之，直接继承王羲之书法体势，但"后改变制度，别创其法"，自成一格。他在变换羲之楷体风格使今楷书体的衍变过程最终完成的基础上，使行草别创新意。他的今草笔丝上下相连，贯通一气，如火筋画灰，连属无端末，体现了一笔书草书精神，使今草进一步定型，自此今草脱尽了章草的波磔，在楷书转折顿挫的笔势下，自然流动，连绵不绝，达到越来越高的艺术水平。

# 东晋

394A.D. 晋太元十九年 魏登国九年 秦苻崇延初元年 后燕建兴九年 后秦姚兴皇初元年 西秦太初七年 后凉麟嘉六年 西燕中兴九年

五月，后秦姚兴即皇帝位。七月，姚兴杀苻登。登子崇奔湟中，即皇帝位。八月，燕兵入长子，杀慕容永。

396A.D. 晋太元二十一年 魏皇始元年 后燕慕容宝永康元年后秦皇初二年 西秦太初九年 后凉龙飞元年

燕慕容垂死，子宝嗣。吕光称天王，国号凉，史称后凉。八月，魏拓跋珪大举击燕，九月，取并州，初建台省，置刺史、太守、尚书郎以下官，悉用儒生为之。

397A.D. 晋安帝司马德宗隆安元年 魏皇始二年 后燕永康二年 后秦皇初三年 西秦太初十年后凉龙飞二年 南凉秃发乌孤太初元年 北凉段业神玺元年

慕容详据中山，称皇帝。七月，慕容麟杀慕容详，称皇帝。

398A.D. 晋隆安二年 魏皇始三年 天兴元年 后燕慕容盛建平元年 后秦皇初四年 西秦太初十一年后凉龙飞三年 南凉太初二年 北凉神玺二年 南燕慕容德燕平元年

正月，魏入邺，燕慕容德南徙，称燕王。四月，燕兰汗杀慕容宝，称昌黎王。十月，燕慕容盛称皇帝。十二月，拓跋珪称皇帝。

400A.D. 晋隆安四年 魏天兴三年 后燕长乐二年 后秦弘始二年 西秦太初十三年 后凉咸二年 南燕秃发利鹿孤建和元年 北凉天玺二年南燕建平元年 西凉李暠元年

燕王慕容德称皇帝，史称南燕。


392A.D.

狄奥多西下令严禁异教，以基督教为国教，奉异教者有罚，自是开展对异教之迫害，继续 30 年。

395A.D.

狄奥多西就任东、西帝国皇帝，成为统一帝国的最后一位统治者。

# 姚苌去世·姚兴即秦位

秦建初七年（393）十二月，后
秦王姚苌去世。第二年五月，姚兴即
位。

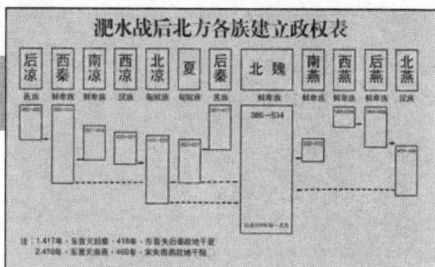

淝水战后北方各族建立政权表

注：1.417年·东晋灭后秦·418年·东晋失由秦故地于夏
2.410年·东晋灭南燕·400年·宋灭南燕故地于魏

姚苌，字景茂，曾跟随苻坚南征
北战，立下赫赫战功。淝水之战后，率领羌人独立，聚集10万余人，称万年秦王，
杀掉了秦王苻坚。后秦建初七年（393）十月，姚苌病重，回到长安。十二月，
姚苌临终托孤，第二天姚苌去世。

姚苌去世后，姚兴秘不发丧，自称大将军，进攻前秦。后秦皇初元年（394）
正月，前秦王苻登率领全部兵马在废桥（今陕西乾县与武功县之间）与姚兴
激战，大败而归。五月，姚兴发丧，在槐里（今陕西西安市西）即位。姚兴
是十六国后期君主中较有才能的一位皇帝。他重视用人，制定了一些选举制度，
在长安建立了律学。他重视儒学，信奉佛教，以名僧鸠摩罗什为国师，促进
了（后）秦文化的发展。姚兴在位期间，后秦相当强盛。他即位后不久就消
灭了前秦苻登势力，并出兵迫后凉投降，使陇右、河西一带都在后秦势力范
围内。

# 两燕台壁大战

后燕建兴九年（394），后燕西燕大战于台壁（今山西潞城县北）。

后燕建兴八年（393）十一月，慕容垂调集7万骑兵，派丹杨王慕容缵为
龙骧将军从井陉出击，攻打西燕的晋阳，派段平攻打西燕的沙亭。西燕慕容
永调精兵5万，派尚书令刁云率领防守在潞川。十二月，慕容垂在邺驻军。

后燕建兴九年（394）二月，慕容垂调遣兵马，分三路大张旗鼓向西燕进发。
西燕王慕容永得悉情况后，一面命令各路军队严加防守，一面在台壁屯军粮。
后燕王慕容垂驻军邺县西南，并不进军。慕容永疑其有诈，遂将各路兵调集
到轵关，只在台壁留守一军。4月，慕容垂率大军从滏口出发，进入太行山。
五月，大军直趋台壁。西燕王慕容永派兵去营救，都以失败告终。后燕军包
围台壁。慕容永亲自将轵关的军队调回，率精兵5万迎战。刁云等将帅慑于
后燕威势，向后燕投降，慕容永大怒，于是斩杀他们的亲属。15天后，慕容

垂在台壁南布阵，又在山涧旁埋伏千余骑兵。第二天，与慕容永交战不久，慕容垂假装退却，西燕军队追击，追行数里，后燕伏兵从山涧中杀出，切断了西燕军队的后路，于是后燕军队前后夹击，大破西燕军，消灭8000余人。慕容永逃到长子。

后燕台壁大捷，为灭西燕奠定了基础。八月，后燕攻破长子，杀慕容永，西燕灭亡。

## 《拾遗记》作者去世

东晋太元十七年（392），《拾遗记》作者王嘉去世（一说390年去世）。

王嘉（？～392），字子年，陇西安阳（今甘肃渭源人。他为人滑稽善谑，曾隐居于东阳谷、终南山等地，后被后秦王姚苌迎入长安，奉为上宾。当时正值姚苌与前秦作战，双方相持不下，姚苌于是询问王嘉战事结果如何。王嘉回答未能遂姚苌的心意，于是被姚苌杀害。王嘉著有《拾遗记》（原名《拾遗录》）19卷，共220篇，后经梁萧绮删减，改定为10卷流行于世。《拾遗记》属杂史体志怪小说，记述庖羲至东晋间故事传说及海外昆仑灵境仙山。书中记叙的多为怪异之事，但也有叙述人事及社会生活的故事。前9卷全记历史遗闻逸事，如包羲、神农、三国事等。第10卷记叙昆仑、蓬莱、方文、瀛州、员峤、岱兴、昆吾、沿庭等8大名山。

## 北魏分土定居

北魏登国九年（394），拓跋珪开始施行"分土定居"，离散各部落，不让他们随意迁徙，官吏和部落属民，都编入户口，各个氏族，按照部落的形式定居。这是拓跋珪让鲜卑各部落结束游牧生活方式，开始从事农业生产的重要措施，这一措施加速了鲜卑族与汉族和其他民族间的融合，使氏族组织逐渐转化为地域组织，也标志着魏的军事奴隶制度开始向封建化转变。

北石窟寺北魏时期阿修罗天像

## 晋朋党竞起

东晋太元二十年（395）三月，东晋孝武帝因会稽王司马道子专权骄横，于是提升王恭、郗恢、殷仲堪等，使他居内外要职以防司马道子，而司马道子也将王国宝等收为心腹，拉帮结派，由此东晋朋党竞起。

东晋会稽王司马道子主持朝政以来，专横骄奢，官以贿赂、奉迎提拔重用。如赵牙，魇只是倡优出身，司马道子却任命他为魏郡太守，而菇千秋本是钱塘捕贼的小吏，司马道子却任用他为骠骑咨议参军。赵牙曾为司马道子修了一座极尽豪华的别墅，孝武帝游后也指责修饰太过华丽。当时吴兴闻人又上疏揭露茹千秋卖官聚敛之事，孝武帝越发反感司马道子。为此，东晋太元二十年（395）三月，孝武帝任用一批名望甚高的人担任要职，如王恭、郗恢、殷仲堪等，想借此加强地方的力量来牵制司马道子在朝内的权势。而司马道子对此也反应敏捷，急忙提携自己的心腹王国宝及王绪等。由此，东晋朝中朋党竞起，污染了朝内风气，且有损于东晋的统治。中书侍郎徐邈就此种现象用汉代七国之乱、西晋八王之乱等提醒孝武帝，孝武帝虽然接受了他的建议，却未能采取进一步措施，以致东晋也出现了以后的内乱。

## 燕魏参合陂大战

北魏登国十年（395）十月，北魏与后燕大战于参合陂。这是十六国后期北魏拓跋硅歼灭后燕主力的战役。

北魏建立初期，在后燕扶植下成为塞外唯一强国。鉴于后燕不断索取马匹，双方关系恶化，北魏于是联合西燕威胁后燕。北魏登国十年（395）五月，慕容垂派太子慕容宝、辽西王慕容农、赵王慕容麟率兵8万，从五原（今内蒙包头市西）出发讨伐北魏。北魏得知后燕来攻，采取避开后燕主力不与决战的策略，一方面在黄河南岸进行军事部署，另一方面派人向后秦求援，后秦姚兴派杨佛嵩率兵助魏。慕容宝离开后燕时，慕容垂已重病在身，此时已有4个月。拓跋珪暗暗派人在通往后燕都城中山的路上，劫获了使者，然后逼迫使者向慕容宝诡称慕容垂已死，后燕军心大乱。十月，虽已入冬，但河水仍未结冰，慕容宝认为魏军无法渡河，不设岗哨。岂料9天后，寒流忽至，河面结冰，拓跋珪留下辎重，亲率精锐骑兵2万余人，日夜兼行，到参合陂（今

内蒙凉城县东）西（后燕军队在陂东）。部下靳安对慕容宝说："今天西北风劲，是魏军追来的征候，当设防，且迅速离开。"慕容宝虽采纳部下建议加紧设防，但因数日不加岗哨戒备，将士们都放松了警惕，只是略为巡视，便解鞍就寝。魏军将人马分成几路，封住马口，乘夜色，悄然无声登上山顶。第二天日出时，魏军从山顶长驱直下，冲入后燕军营，后燕军队惊慌失措，人马相踏，压死、溺死者数以万计。慕容宝及其兄弟只身逃走，军中四、五万人束手就擒，其中有王公文武将吏数千人。魏军缴获器甲、辎重、军资杂财 10 多万，将燕军俘虏全部活埋。

参合陂大战是后燕衰弱、北魏强盛的关键性一战，为北魏推进中原创造了有利的条件。

## 后燕败魏·慕容垂死于上谷

东晋太元二十一年（396）三月，后燕在平城击败魏国。四月，后燕王慕容垂病死于上谷。

慕容垂（326～396），字道明，鲜卑族，昌黎（今辽宁朝阳）人。前燕王慕容第 5 子。曾在坊头（今河南新乡市东北）大败东晋桓温，因而遭到侄子慕容的嫉恨，几乎被杀，只得投奔苻坚。苻坚对他优礼有加。淝水之战后，慕容垂趁机恢复燕国，定都中山。在他的努力下，后燕据有现在河北、河南、山东、山西、辽宁的大部或部分地区，成为盛极一时的强国。继滑台、台壁大捷后，参合陂一战，后燕惨败于魏。

东晋太元二十一年三月，慕容垂亲自率领后燕大军，秘密地越过广昌岭（今河北蔚县附近），出魏之不意，直趋平城（今山西大同西北）。当时魏将拓跋虔率 3 万余户守平城。由于后燕被魏击败不久，魏军并不设防，后燕军又惧怕魏军，因此，只有慕容隆率领的龙城兵奋勇争先。后燕兵攻至平城城下，拓跋虔才匆匆应战，不久战败而死，其部众也大多散失。

平城失利时，拓跋珪正在善无（今山西右玉南）。慕容垂遂乘胜从平城继续西进。

北魏佛造像

北石窟寺北魏时期佛传故事浮雕像

东晋太元二十一年（396）闰三月，后燕大军进至参合陂。数月前后燕和魏曾在此激战，阵亡士兵遗骸堆积如山，慕容垂心潮涌动，于是设坛祭奠，悲愤之际呕血不止，导致旧病复发，只得乘马车到平城西北30里处。太子慕容宝听说后率兵回师。当时有人告诉拓跋珪说慕容垂已死，尸体就在军中，而拓跋珪因平城失利的影响，于是也不派兵追击。慕容垂在平城住了10日，病情加重。四月在归国途中死于上谷的沮阳，享年71岁。太子慕容宝秘不发丧。14日后回到中山。又过了2日才发丧。追谥慕容垂为战武皇帝，庙号世祖。慕容宝即位，改元永康。

## 戴逵去世

东晋太元二十一年（396），雕塑家、画家、哲学家戴逵去世，享年71岁。

戴逵（约325~约396），字安道，谯郡（今安徽亳县）人，后移居会稽剡县（今浙江嵊县西南）。《晋书》设传将他列为隐逸士人。博学多才，"好谈论，善诗文，能鼓琴，工书画"。小时候曾以白瓦屑和鸡蛋汁等原料作郑玄碑，并自己镌刻，被誉为"词美书精"。当时武陵王司马听说他擅长演奏古琴，派人去召他，戴逵当使者面将琴砸坏，说："戴安道不为王门伶人"孝武帝欣赏他的才华，以散骑常侍、国子博士几次征召，他都不肯就任。后谢玄上疏希望孝武帝体察戴逵隐居和重节操的心情，肯请收回召命，孝武帝于是同意。

戴逵擅长书画，他根据张衡作品绘制的《南都赋图》，颇受好评。并且他对人物、山水画都能精通，山水人物"情韵绵密，风趣巧发"。作品有《阿谷处女图》、《孙倬高士图》、等。又擅长雕刻及铸造佛像，曾为会稽山阴（今浙江绍兴）灵宝寺作木雕无量寿佛一尊、胁持菩萨两尊，还为建康（今江苏南京）瓦棺寺塑《五世佛》。与顾恺之的壁画《维摩诘像》和狮子国（今斯里兰卡）送来的玉佛，并称"三绝"。另外，戴逵还著有《释疑论》，与名僧慧远等辩论，反对佛教因果报应说。

## 秃发乌孤建凉

南凉太初元年（397）正月，鲜卑秃发乌孤自称大都督、大将军、大单于、西平王，并改元太初，建立南凉政权。

秃发乌孤（？－399），鲜卑族，早年为河西（今甘肃西部一带）鲜卑人的首领。麟嘉六年（394），他接受后凉吕光的授官，为冠军大将军、河西鲜卑大都统。第二年7月，秃发乌孤率部众袭击乙弗、折掘诸部，诸部纷纷投降。当时广武人赵振，听说秃发乌孤举兵，便抛弃家业跟随左右。由于赵振年青时喜爱兵法韬略，秃发乌孤非常高兴，于是任命赵振为左司马。晋隆安元年（397）正月，秃发乌孤建立南凉。不久，攻占后凉金城（今甘肃兰州市西），并和后凉吕光在街亭（今甘肃永登县西）展开激战，后凉兵大败。至此，南凉政权逐渐形成。南凉太初二年（398），在西平（今青海西宁市），打败梁饥。湟河、浇河太守都献郡投降，姑（今甘肃武威）以南羌、胡数万部落都归附南凉。秃发乌孤改称武威王。太初三年（399）一月，迁都乐都（今青海乐都县）。

八月，秃发乌孤酒后骑马，因马失前蹄受伤，不久去世。其弟秃发利鹿孤继立。秃发乌孤统治时期，对汉族、少数民族的俊才，都予以重任，文职高官差不多都由汉族士人充任，这对缓和民族关系起了积极作用。

## 魏道武帝改革

北魏道武帝在位期间（魏登国元年至魏天赐六年，386～409），实行一系列的改革措施，使拓跋部逐渐走向封建化。

秦晋淝水之战后，拓跋珪乘机复国，386年登代王位，改国号为魏，年号登国。

在后燕支持下他积极扩张势力，不久便称雄塞外，并威胁后燕，于登国十年（395）在参合陂（今内蒙古凉城县西北）大败后燕军。第二年，他乘后燕主慕容垂病死之机，推进中原，相继夺取晋阳、中山、邺城等重镇，占据了今山西、河北等地，与东晋隔河对峙。天兴元年（398），拓跋珪称帝，定都平城（今山西大同），年号天兴。魏道武帝拓跋珪在位期间，尤其是初期，进行了一系列的改革，主要包括：①立官制定律令。魏天兴元年（398）十一月，拓跋珪命尚书吏部郎中邓渊建立官制，调协音乐；仪曹郎中董谧制定郊庙、

第七四号窟正壁左侧北魏塑像胁侍菩萨

社稷、朝觐、飨食等礼仪；三公郎中王德制定律令；太史令晁崇造浑仪，考天象。由吏部尚书崔宏总领裁奇，然后便作为永式确定下来。②仿效汉人礼俗。天兴元年（398）十二月，拓跋珪即帝位后不久便命朝野皆束发加帽循汉人风俗，又更改魏祭祀旧俗，仿汉人祭礼仪，除祀天时皇帝亲行，其余由有司办理。他还采纳崔宏的建议，自称是黄帝之后裔，崇尚土德，服色以黄为贵。为了竭力拉拢汉族地主，拓跋珪实施宗主督护制度，逐步恢复了九品中正制。③推崇儒学。自迁都平城以来，道武帝多方学习汉族文化，实行封建化的统治方法，官制，律令、礼乐等沿袭秦汉以来的制度，又置五经博士，增加国子太学生员至3000人。天兴二年（399）三月，他又下令向天下征索书籍，送到平城。道武帝自征后燕以后，大量接触中原文化，开始崇尚儒学，对日后稳定其在北方的统治，有重要的作用。④以法御臣。道武帝看到后燕慕容垂因分封诸子，权力分散，导致骨肉相攻，以致败亡，深以为鉴，博士公孙表也用《韩非子》向道武帝说明当以法制天下之理。左将军李粟性格傲慢，对道武帝多有不恭。天兴三年（400）十二月，道武帝下令处死李粟，令群臣震惧，对加强中央集权起到了震慑作用。⑤分土定居，计口授田，劝民农桑。登国九年（394），道武帝开始施行"分土定居"的政策，离散各部落，不准随意迁徙，各个氏族以部落形式定居，促成拓跋部由部落组织向地域组织转化。皇始三年（398）正月，他又将山东6州的百姓和一些少数民族部众36万及百工伎巧10多从迁移到平城附近。二月，道武帝率领众人来到繁峙（今山西应县东），

第七六号窟壁右侧下部影塑北魏供养人塑像

**101**

送给新迁入的居民耕牛，实行按人口分配耕地，鼓励农耕，促进了农业的发展，亦加速了拓跋部由游牧向农业生活的转化。

道武帝的改革有利于拓跋部向封建化转化及代北地区的开发，对促进北方民族的融合起到了积极的作用。

## 王恭举兵

东晋隆安元年（397）四月，王恭率北府兵联络荆州军起兵讨伐司马道子。

晋孝武帝在位时，为牵制会稽王司马道子，任命王恭为南兖州刺史，掌北府兵。殷仲堪为荆州刺史，掌握上游军权。孝武帝死后，安帝立。司马道子任用心腹王国宝、王绪等，在朝狼狈为奸，被当时人所痛恨。由于王恭是晋安帝的舅父，每与司马道子谈论时政，正色直言，道子很害怕。隆安元年（397）四月，王国宝等劝司马道子裁减王恭、殷仲堪等人兵权。于是王恭联合殷仲堪，以诛国宝为名起兵。王国宝见东西两重镇起兵，其中王恭手中还是精悍的北府兵，自然惊恐万分，上疏请求解除职务，等待审查。司马道子只求息兵，于是将过错推到王国宝头上。四月十七日，王国宝被赐死，王绪被杀。于是王恭将军队撤回到京（今江苏镇江），殷仲堪也撤兵。

北魏骑马乐俑

隆安二年（398）七月，王恭联合殷仲堪再次举兵，又上表请讨伐王愉、司马尚之等。雍州刺史杨期、广州刺史桓玄也起兵响应。司马道子不知所措，将平叛之事委托给其子司马元显。殷仲堪不熟悉军事，将指挥之事交给杨期兄弟。杨期率水师5000人为先锋，桓玄为后继，殷仲堪率兵2万随后，沿江而下。八月到湓口（今江西九江市东），王愉仓皇逃走。桓玄派兵将他活捉。九月，桓玄在白石（今安徽巢县附近）大破官军，第二天，官军退守建康（今江苏南京）。司马元显知道王恭平素对部下傲慢，其部将刘牢之很恨他，于是派人秘密会见刘牢之，劝他背叛王恭，许诺事成后将王恭的官职授刘牢之。刘牢之背叛王恭反戈一击，王恭单骑逃跑，想投奔桓玄，在延陵县的长湖（今江苏溧阳北）被擒，送到建康，被处死。他的子弟党羽都被杀。刘牢之都督兖、青、冀、幽、并、徐、扬、晋陵诸军事。桓玄则乘机袭击并斩杀殷仲堪和杨期，霸居荆州。晋延被迫承认既成事实，至此，叛乱之事才暂告平息。

## 孙恩起义

东晋隆安三年（399）十月，孙恩在海上起兵反晋。

孙恩，琅琊（今山东临沂）人，字灵秀，世奉五斗迷道。其叔孙秦是教主，借传教组织聚集民众，隆安二年（398）十二月被司马元显杀害。孙恩被迫逃到海上，纠集民众。浙东一带是北来侨姓士族集中之地，土地兼并十分激烈，阶级矛盾尖锐。隆安三年（399），执掌朝政的司马元显为在军事力量上压倒控制荆州的桓玄，下令征发三吴八郡（长江三角洲以南及浙东地区）免除奴隶身份后为佣客者当兵，遭到江南八郡人民的反对。孙恩趁此机会，登陆到上虞（今浙江上虞），杀死了上虞县令，继而攻克会稽（今浙江绍兴）。一时，永嘉（今浙江温州市）、新安（今浙江淳安西北）、东阳（今浙江金华）、临海（今浙江临海）等八郡的百姓都杀死长吏响应孙恩，不到10天，孙恩的队伍已达10万人，谢冲、谢邈、顾胤、厦侯等均被杀，孙恩据守会稽，自号征东将军，三吴震动。东晋急令谢琰率领北府兵前往镇压。为避免损失，孙恩率军退回海岛。隆安四年（400）五月，孙恩从浃口（今浙江宁波市东）登陆，攻占会稽，谢琰被杀，接着，孙恩又转战临海。朝廷大震，派宁朔将军高雅之等前往截击。十一月，高雅之与孙恩交战失利。朝廷又派刘牢之迎战，孙恩被迫再回海岛。隆安五年（401）三月，孙恩从海盐（今浙江海盐县）第三次登陆，攻破扈渎（上海），沿江而上，直达京口（今江苏镇江），进逼都城建康（今江苏南京），兵败后又退回海岛。隆安六年（402），孙恩第四次登陆，进攻临海失败后，孙恩投海自杀。余部由孙恩妹夫卢循率领继续战斗，继续与朝廷对抗。

孙恩起义严重地震撼了东晋王朝，对三吴士族地主，特别是以王、谢二族为首的侨姓士族打击尤为沉重。门阀统治由此开始逐步走向衰落。

## 法显赴北印度取经求佛法

东晋隆安三年（399）三月，法显和尚因深感"经律舛缺"，从长安出发，赴北印度取经求佛法。

法显像

法显（约337~约422）俗姓龚，山西平阳（今山西临汾西南）人。公元399年，他偕僧人慧景、道整等从长安出发西行求法，经河西走廊、敦煌以西的广阔沙漠，到达焉夷（今新疆焉耆附近），穿过今塔克拉玛干大沙漠抵于阗（今新疆和田），南越葱岭，取道今印度河流域，经今巴基斯坦人阿富汗，再返巴基斯坦境内，东入恒河流域，到达天竺（印度）境。再横穿尼泊尔南部，至东天竺，在摩揭提国（即摩揭陀）首都巴达弗邑（今巴特那）留住3年，学习梵书佛律。再由海路单身回国，与其同行者或死或留天竺。他从东天竺当时著名的海港多摩梨帝（今加尔各答西南之德姆卢克）起程，乘商船到师子国（今斯里兰卡），停留2年，又得经本。复乘船东归，途经耶婆提（今苏门答腊岛或爪哇岛），换船北航。在青州长广郡牢山（今山东青岛崂山）登陆，改走陆路，于义熙九年（413）到达建康（今南京）。

法显历经15年，取回了中土旧日所无的大小乘三藏中的基本梵本要籍十余部，回国后在南京道场寺与佛驮跋陀罗合译《摩诃僧律》、《大般泥洹经》等经律论六部、二十四卷。其译文朴素而传真。法显为佛法流通贡献了巨大力量，其勇猛精进、为法忘身的精神为后人取法。

义熙十二年(416)，法显撰成《佛国记》又名《法显传》、《佛游天竺记》、《历游天竺记传》，详述了西行求法经，为中国古代以亲身经历介绍中亚、印度、南洋30余国的地理、交通、宗教文化、物产、风俗、社会、经济等情况的第一部旅行记，对于后来赴印度求法的起了很大的指导作用。并且是古代最早记录中国和印度间陆、海交通的著作。

法显开创了中国僧人到天竺留学的先例。他的《佛国记》为研究南亚次大陆各国古代史地提供了不可多得的重要资料，在航海史上也占有重要地位。

## 燕权易手

后燕永康元年（396）四月，后燕主慕容垂去世，子慕容宝继立，以子慕容策为太子，并改元永康。后燕永康三年（398）正月，慕容垂之弟慕容德称燕王，并改永康三年为元年，是为南燕。3月，慕容垂最小的舅父、后燕尚书兰汗派人杀慕容宝，自称昌黎王，并改元青龙。后燕政权被篡夺易手。

后燕永康三年（398）三月，段速骨攻击后燕都城。当时后燕尚书兰汗，也即慕容垂最小的舅父，暗地里与段速骨勾结，并撤走守城兵力。慕容农以为城快要失守，于是在夜间越城而去投奔段速骨，希望能保全自己性命。在天明，守城将士看见素以忠心勇武著称的慕容农也在叛军中，无不惊愕，于是四下逃散。慕容宝和慕容盛等几人只身轻骑向南逃遁。段速骨入城烧杀抢掠。不久，杀慕容农。6天后，兰汗率军袭击段速骨，尊奉太子慕容策为主，派使者恭请慕容宝回国。慕容盛以为兰汗忠诈未知，于是继续南逃。至滑台（今河南滑县东南）附近，南燕王慕容德拒绝接

十六国时期金铜佛坐像。佛像高肉髻，穿通肩大衣，双手作禅定印相，双膝左右伸张为结跏趺坐。高肉髻，是释迦牟尼三十二好相之一，为佛像主要特征。

待。不得已向北投兰汗。慕容宝以为兰汗是慕容垂的舅父，又是儿子慕容盛之妃之父，不会有二心。到石城（今辽守建昌）时，兰汗派使者迎接慕容宝。慕容宝便随兰汗之弟加难去龙城（今辽宁朝阳）。在城外，加难杀太子慕容策及后燕主慕容宝、王公卿士等百余人。因慕容盛是兰汗之婿幸免于难。兰汗于是自称大都督、大将军、大单于、昌黎王，并改元青龙。至此后燕政权被篡夺易手。

此后由于兰汗兄弟不和、内乱，慕容盛趁机杀死兰汗兄弟。8月，慕容盛称长平王，改元建平。后燕政权又回到慕容氏手中。

## 陶渊明作《五柳先生传》

陶渊明（365 ~ 427），又名潜，字元亮，私谥靖节。浔阳柴桑（今江西九江西南）人。晋宋时期诗人、辞赋家、散文家。《五柳先生传》是他青年时期的散文，反映了陶渊明早年学仕之前的个性风貌。

陶渊明出生于没落仕宦家庭，曾祖陶侃曾是东晋开国元勋，官至大司马，都督八州军事、荆江二州刺史，封长沙郡公。祖父曾为太守。父亲早死，母亲是东晋名士孟嘉之女。由于父亲早死，陶渊明少年时代就处在贫困的生活中。

陶渊明像

动荡中的文明

但因家教优良，他自小就读了许多诗书、杂书。有《老子》、《庄子》、"六经"，以及文、史、神话、小说等等。少年时的陶渊明爱好广泛，时而沉缅于山野，时而醉心于琴书，时而向往胡马铁蹄下的张掖、幽州，立志四海。《五柳先生传》就是陶渊明28岁（晋孝武帝太元十七年，392）之前这段居家生活时的作品。（陶渊明出仕后创作见陶渊明作《归去来兮辞》）。

《五柳先生传》描述的是东晋时一位志趣高尚、性格鲜明、不同流俗的儒生形象。五柳先生"闲静少言，不慕荣利"，不追求荣华利禄；同时五柳先生还是个"好读书，不求甚解"的书生，读书在于开启心智，不牵强附会，不刻意考究，追求的是"每有会意，便欣然忘食"的忘我境界；五柳先生还好喝酒，"性嗜酒，家贫不能常得"；此外，五柳先生还是个安贫乐道的君子，"环堵萧然，不蔽风日，短褐穿洁，箪瓢屡空，晏如也。"但却"常著文章自娱，颇示己志"，常常著文来抒发内心的情愫和志向，并"忘怀得失，以此自终"，"不戚戚于贫贱，不汲汲于富贵"。五柳先生是一个有性情、有追求的典型文人形象，他既是陶渊明早期生活和志向的记述和抒发，反映出青年时陶渊明的个性风貌和精神情操；同时，他的许多爱好和品格，又为后来许多的文人追求和自诩，成为文学史中一个令人瞩目的文学形象。

《五柳先生传》是陶渊明自撰的小传，篇幅短小，字数不过300多，但其笔墨精粹，善用白描，在平淡无奇、自然而然的语言中露出立意的隽永，勾画出五柳先生的爱好、生活态度及思想性情等性格形象，言简意赅，

晋屯垦砖画。画面反映了魏晋时期军队屯田的情况，上面两排手拿戟盾的士兵在操练，两排兵士之间有骑兵似在行进，骑兵之前有一持刀兵士前导。在牛耕画面中，一耕者披发跣足，身穿窄袖衫和肥大短裤，似为少数民族。

却是流露出与其诗歌、散文风格相一致的艺术特色。

《五柳先生传》是陶渊明早年生活和性情、志向的写照，同时又是他早年艺术创作风格的体现。

## 研习《黄庭经》之风盛行

《黄庭经》为上清派重要经典，分为《黄庭内景玉经》和《黄庭外景玉经》两种，黄是中央之色，主身中脾土之色；庭，为阶前空地，引仲为空。黄庭之景，就是指道教静功修炼中导致玄关出现时的中空景象。《外景经》始见于东晋葛洪《抱朴子·遐览》，当成书于魏晋间；《内景经》由《外景经》衍化而来，约成书于南北朝；后世习惯上都以《黄庭经》呼《外景经》，两书均以七言歌诀叙述养生修炼原理，从问世以来便受到道教内外人士的欢迎，被誉为"寿世长生之妙典"。

东晋以来，研习《黄庭经》之风就极为盛行，传说晋王羲之"写经换鹅"曾写就《黄庭经》，为世所珍视。唐宋间黄庭之学更加昌盛。苏轼曾手书《黄庭内经》，还仿照其文体作了赞词。历代对《黄庭经》诠释者不乏其人，通行的是收入《正统道藏》的梁丘子与务成子的注本。

作为一部健身长生之作，《黄庭经》对于人体结构提出了"八景二十四真"之说。它把人体分为上、中、下三部，每一部分都镇守有八景神，这些神各有名称服色，与镇守的器官性质相呼应。

《黄庭经》又提出了三黄庭和三丹田说，并由此而得名。黄庭与丹田只不过是对同一部位的角度不同的称谓而已。上黄庭即上丹田在脑中，两眉间入三寸处，又称泥丸，是精根，乃百神之主。中黄庭即中丹田，一说为心，一说为脾，为生之本，神之处，脏腑之元，能够适寒热，调解血脉。下黄庭即下丹田在脐下三寸，又称下关元，尤其为道教所注重，此处是男子藏精、女子藏胎之所，是人生命的根本，阴阳相交的门户。炼精结气，沉入下丹田中，就将长生不老。

在对人体生理结构研究的基础上，《黄庭经》提出了主要包括积精、累气和存神致虚在内的一套完整的内养修炼方法。积精乃是初级阶段。《黄庭经》认为，津液是人体的精华，修炼者要用升降吐纳之功，干漱之法，使唾液不断产生，滋润五脏，这样就能去病延年。另外，作为人体下部津液来源的肾脏，与下丹田相连共为藏精之所，它能够生精，而精不可泄漏，故要节欲。同时还要累气，主要指调节呼吸，断谷服气，最终达到胎息而仙的极致。累气主要以肺为主，配合以鼻腔来调息补气，而气又最忌讳五谷臭腥，所以

**107**

修炼累气必须"辟谷",修炼到了一定水平,可以不用鼻肺而做到气通全身,一如母腹中的胎儿,这就是"胎息"成仙了。炼形要积精累气,炼神就要"存神致虚"了。要求修道者将心身思想集中于体内脏腑诸真神身上,排除杂念,返观内照,使精神进入虚静状态。《黄庭经》认为黄庭包含了元精、元气、元神,是人的根本,只有恬淡无为,内观于心,才可能做到精至黄庭、气归黄庭、神入黄庭,病邪自然退去。

## 《西京杂记》成书

《西京杂记》是魏晋轶事小说的代表作之一,成书于东晋,作者不详。新、旧《唐书·艺文志》、《宋史·艺文志》均题晋葛洪撰。《四库全书总目》兼题刘歆葛洪撰。近代考证者多认为是葛洪依托之作。

魏晋砖画猎兔图

《西京杂记》共 129 篇,是一部历史小说集,主要描写发生在"西京"(东汉人对西汉都城长安的称谓)的西汉统治阶级与文人名士的传闻轶事,也收录了一些怪诞的故事,既有史料价值,又有文学价值。书中所写的故事,如"画工弃市",即著名的王昭君为画工所欺远嫁匈奴;司马相如与卓文君千古传颂的爱情以及赵飞燕、合德姊妹的骄横奢侈,荒淫无度等,对后世影响极大,成为小说、戏曲永不衰竭的题材。"秋胡戏妻"的故事,则是该故事的最早记录。

此外,书中还记载了许多西汉的民俗,如"汉采女常以七月七日穿七孔针于开襟楼,俱以习之";"九月九日,佩茱萸,食蓬饵,饮菊花酒,令人长寿"等,对研究 7 月 7 日、9 月 9 日等节日的流传和演变,有一定的参考价值。唐代李善的《文选注》与徐坚的《初学记》都大量地引用此书,由此可见它在用典方面对后世有很大的影响。全书文笔简洁、流畅而有文采。虽记事繁杂,但作为小说,《西京杂记》不仅在思想上有许多可取之处,在艺术上,也是"在古小说文,固亦意绪秀异,文笔可观者也"。

## 顾恺之作《洛神赋图》

《洛神赋图》为东晋顾恺之的传世之作,充分体现了顾恺之在刻划人物内心世界和表现意境方面的才能。

顾恺之才高艺绝，勤于创作，据文献记载，他的作品有很多，但真迹都已失传。《女史箴图》和《洛神赋图》是现存的最要的两种摹本。《洛神赋图》今有宋代摹本5种。画卷为绢本，设色，长572厘米，高27厘米。

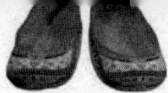

宋摹本东晋顾恺之《洛神赋图卷》

《洛神赋图》题材取自三国时曹植著名的《洛神赋》。这幅画分为三个部分，曲折细致地描绘出曹植与洛神真挚纯洁的爱故事。画卷开端，曹植一行来到洛水之滨，惊看洛神之出现。洛神在云天、在水波间自由地遨游，"翩若惊鸿，婉若游龙"，这部分定名为"惊艳"。第二部分是"情"。曹植向洛神倾诉爱慕之心，洛神感动，与曹植互诉衷肠。接着青鸟传情，洛神依依不舍地离去。第三段为"偕逝"，画面从神话世界转为想象中的现实。洛神没有远逝而去，重又回到曹植的身边，一同乘楼船渡过洛水，喜结良缘，使人神之恋终于实现。

《洛神赋图》艺术上富于诗情画意，跌宕多姿，深具节奏感和音乐美。画家长于想象，构思精巧，洛神和曹植在一个完整的画面里多次出现，组成有首有尾的情节发展过程，而画面和谐统一，丝毫看不出连环画式的分段描写的迹象。在人物造型上，此图典型地体现了顾恺之"以形写神"、"传神写照"妙在"阿睹"的艺术思想。洛神的飘逸飞动与曹植的雍容深沉形成了鲜明的对照。在山川景物环境的描绘上，无处不展现出一种空间美。一切景物均奇丽多姿，并化"景语"为"情语"，为人物传情达意服务，体现了早期山水画的特点。画家把神话境界用现实图景来作处理，既写实又富有浪漫情调，感染力十分强烈。

《洛神赋图》是中国美术史上不可多得的精品，也是顾恺之绘画艺术的代表作。宋代的摹本相当忠实于原作的气息，用笔细致遒劲，如春蚕吐丝，紧劲连绵，这种笔法，史称"高古游丝描"，我们可以从战国时代的《龙凤人物图》和《御龙登天图》看到这种技法的雏形。而画中的人物造型和神情的表达，显然又本于汉代民间绘画的传统。顾恺之能博采众长，阐发新意，

因而将传统绘画推上一个新的高峰。在他之后，绘画的写实性更加深入，描绘能力迅速提高，画坛出现了一个新局面。

## 般若学欣起高潮

魏晋时期，以《般若经》为中心的印度大乘空宗学说传入中国，，它要论证的是物质世界存在的虚幻性。般若里佛教六度之一，指通过智慧达到涅的彼岸。这里的智慧具有神秘意义，不是指用来认识客观世界的知识，而是专门用来体会佛教最高精神本体的特殊智慧。佛教中的"般若波罗密"是一种极高的境界，要领在于抛弃凡间世人的智慧，用般若来了悟现实世界的虚幻、不真实性。《般若经》通篇内容就在于诱导人们认识一个空字，但是，在如何解释空上，僧众中却有很大分歧，另外，受当时玄学的影响，佛教僧侣所宣传的般若空宗学说，基本上是以玄学理论为出发点的，因玄学中存在不同观点，导致般若空宗产生不同流派，因此，在早期般若学中有所谓"六家七宗"之学的争论，各家从不同角度解释般若空观，形成玄学化的佛学。

据南朝宋昙济《六家七宗论》，六家分别是本无、即色、识含、幻化、心无、缘会、七宗加上了"本天异"一派，这些涌现于两晋之际的学派争论的中心问题仍然是魏晋玄学争议的本末、有无的关系问题。六家七宗中影响较大的是本无、即色、心天三派，本无宗认为"无"与"空"为万物的根源，一切诸法，本性空寂。本无异宗的观点带有宇宙生成论倾向，认为有从无生，无为一切之本。即色宗提出现象界是不真实的，现象只是假有，但没有进一步论证这种"假有"也是空的，仍然不是印度的大乘中观派理论，只是玄学理论的一种。心天宗强调内心的修养，其核心观点是："无心于万物，万物未尝无。"不否认物质世界的存在，但要不于外境起心。按佛教唯心主义观点看来，这是一种邪说，故心无论遭到了江南僧众的批驳。识含宗观点正与心无宗相反，否定物质世界的

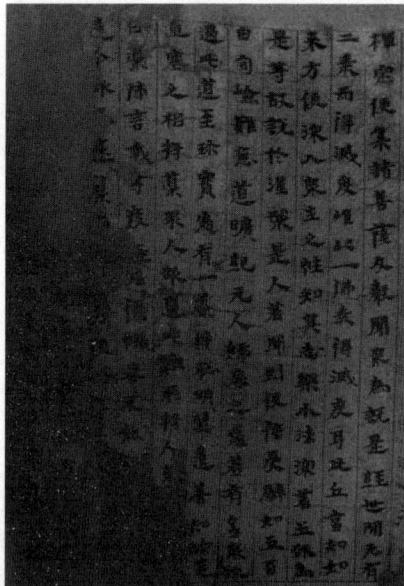

北凉时期优婆塞戒经残片

真实性，肯定精神的真实性，空境不空心，认为三界如同梦幻，都起源于心识。幻化宗主张"世谛之法皆如幻化"，也主心有色无，明确提出神不能空，缘会宗一派讲空，认为缘会是有，缘散即是无。就其以因缘和合理解诸法性空来说是符合般若经本意的，不过其理论只证明了世界"不有"的一面，而未注意"不无"的一面，仍是不完善的。

六家七宗之说立论的关键全都在于解释真俗二谛，基本上均是以真谛为无，为本；以俗谛为有，为末，教人识破俗谛的虚空，息情灭欲，但是，它们都未真正体会般若经中的"中观"思想，实质上仍属于魏晋玄学范畴，后来，姚秦时期，鸠摩罗什来华，在长安译经，系统地译出印度佛学大师龙树、提婆的中观学说，对般若宗旨作了系统介绍，中国僧人这才有所认识，般若学达到了一个高潮。另一方面，"般若学的研究通过与玄学的合流，影响逐渐扩大，它以玄学作为桥梁，很快进入了一个独立的发展阶段，如鸠摩罗什及其弟子僧肇等就在关中形成了一个"般若"学的研究中心。

般若学的传播，至僧肇而集其大成。僧肇以更为彻底的唯心主义观点，对魏晋以来的玄学和般若学的名派理论进行了批判性总结，建立了他自己的般若空宗的哲学体系。他是东晋南北朝时期最著名的佛学理论家，中国化的佛教哲学体系的奠基人。

僧肇集前代般若学之大成而建立的哲学系，虽然在理论上最后归于宗教神秘主义，但它在中国学术思想发展史上，促进中国哲学理论思维的发展，功不可没。般若学之后，社会上广泛传播的就是涅槃学了。

## 汉人李暠建立西凉

西凉庚子元年（400）十一月，汉人李暠称沙舟元显、凉公改元庚子（史称西凉）。

后凉敦煌太守李暠，本月叛后凉自立，称大都督、大将军、凉公、领秦、凉二州牧，建元庚子，是为西凉纪元之始。李暠建西凉后，起设学校，广田积谷，准备东伐。西凉建初元年（405）迁都酒泉。

西凉实际只据有酒泉、敦煌、安西诸郡，步骑兵仅3万人，军事力量虚弱，挡不住强敌北凉的侵拢。十三年（417）李暠病死，子李歆继位。三年后（420），为北凉沮渠蒙逊攻灭。

动荡中的文明

## 麦积山雕凿石窟

麦积山石窟（在今甘肃天水东南45里）始凿于后秦姚兴时（394～416），当时"千崖万象，转崖为阁，乃秦州胜境。"后经凉州各割据政权不断续凿，至北魏初期已具相当规模。北魏重视石窟的建筑艺术，使麦积山石窟的开凿进入一个新时期。北魏景明三年（502）九月十五日，有施主张元伯者，于此凿石窟1区，并制长篇发原文（元伯新凿编号为第115窟，所制发原文为麦积山存世最早的有纪年铭记）。该窟平面作方形，

甘肃天水麦积山石窟外貌

麦积山第78窟正壁主佛

平顶。正壁的方形高座上塑1结跏趺坐佛，著偏衫式袈裟，作施无畏印。两侧壁有协侍菩萨立像。壁画中壁为坐佛，两侧以婆罗门建筑动物等为内容。与张元伯同期开凿的石窟尚有很多，建筑风格并不完全相同。如方形，平顶，左右侧壁各1圆拱大龛；或正壁和左右侧壁各凿1大龛，四壁上方加凿小型列龛；或平面作马蹄形，穹窿顶，等等。壁画内容亦争奇斗胜。有年代最早、面积最大的西方净土变。麦积山存窟龛194个，敷彩泥塑及石雕7000余躯，壁画1000多平方公尺，大部分是北魏时期创制的（少部分为十六国时期及西魏至明时期创制的），在麦积山石窟艺术中占有极为重要的地位。

# 佛寺壁画开始在中国兴起

公元1世纪前后即东汉初，佛教从印度传入中国内地，用来供奉佛像。居住僧侣和举行佛教礼仪的宗教建筑——佛寺也就之出现并渐渐大兴。魏晋南北朝佛教和佛寺发展很快，北魏正充（520－52）以后有佛寺3万多所，南朝仅建康就有500多所。伴随着佛教的逐步深入传和佛寺的广建，雕造佛像、图绘壁画开始兴起，魏晋的佛寺壁画是佛寺壁画在中兴起的代表。

在南方建业一带，从康僧会建建初寺之后，不仅寺院开始兴建，造像壁画也随之开始，建初寺为中心的江南寺院就有了壁画制作。东晋不仅大修佛寺，在佛寺绘制壁画更是十分普遍，当时许多著名画家都参予了寺院壁画制作，他们不仅注重人物形体动作描绘，更强调人物神情与心理画。魏晋时期流传下来的寺观壁画不多，但敦煌、克孜尔等地石窟寺中同时期壁画，显示了佛寺壁画的大体规模、水平和内容。中原内地砖木结构的佛寺殿堂中，壁画从属于雕像，面积小于沙漠地区石窟寺的。当时壁画题材多是《定充佛像》、《释迦十弟子图》、《行道天王图》、《阿难》等高僧像，还有大型经变，即多情节组合一处的大型构图，中心表现主题内容，四周表现相关情节，使全图合起来看是一个完整画面，细看每一个局部又是独立成图的。

魏晋时期，西域的于阗、鄯善、

新疆克孜尔佛寺遗址中的"佛本生故事"壁画。在各地庙宇、洞窟壁画中，"佛本生故事"是重要的内容，表现释迦降生人世的情形。

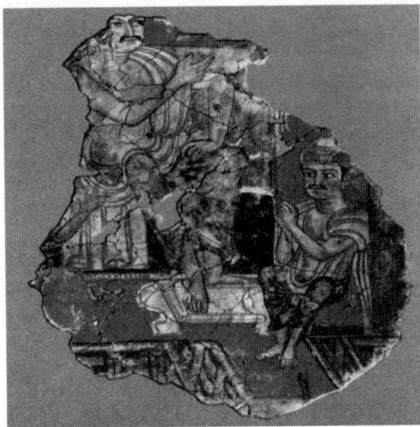

新疆若羌县米兰第三号寺院遗址壁画占梦。此块残壁所绘内容选自佛传故事，描绘的是悉达多的母亲摩耶夫人夜晚感梦，其父净饭王召相师占梦的情节。壁画中部的净饭王坐在一个布满蔷薇图案的深色台座上。他右手平举，目光炯炯，面部充满庄重的神情。

**113**

高昌、龟兹和敦煌都是佛教胜地，在石窟寺壁画方面也有辉煌成就。从古代鄯善寺庙遗是发现的壁画可使人们了解佛教艺术传播的途径；龟兹佛教艺术的典型代表——克孜尔石窟壁画有着独特风格，人物有凹凸分明的立体效果，被称为"龟兹画风"，对南北朝绘画有很大影响。

魏晋时期的曹不兴、顾恺之、陆探微等著名画家都擅长佛画，并多留有画迹在佛寺。中亚僧人康僧会刚到建业时，曹不兴根据"西国佛画"，然后"仪范写之"，被誉为"佛画之祖"。顾恺之在兴宁年中认施百万钱捐修瓦宫寺，然后在寺内一壁面上画维摩诘像，因为这幅画寺内得施百万钱。他所画的维摩诘"有清羸示病之容，隐几忘言之状"，影响很大。陆探微擅长道释画，所画人物大多"秀骨清像"，让人有"懔懔若对神明"的感觉，他的画迹在后世仍保存在甘露寺壁。这些名画家的佛画是佛寺壁画在当时的代表，由于他们的参与，佛寺壁画艺术水平得到提高。

魏晋时期开始在中国兴起的佛寺壁画，为壁画艺术在南北朝的极盛奠定了基础。

401 ~ 410A.D.

# 东晋

401A.D. 晋隆安五年 魏天兴四年 后燕光始元年 后秦弘始三年 后凉神鼎元年 南燕建和二年 北凉永安元年 南燕建平二年 西凉李暠二年

沮渠蒙逊起兵。五月,入张掖杀段业,自称凉州牧、张掖公。慕容熙即天王位。

402A.D. 晋元兴元年 (大亨元年) 魏天兴五年 后燕光始二年 后秦弘始四年 后凉神鼎二年 南凉弘昌元年 北凉永安二年 西凉李暠三年 南燕建平三年

三月,桓玄入建康,复称隆安六年,自总百揆。孙恩攻临海败死,余众推恩妹夫卢循为主。秃发利鹿孤死,弟傉檀立,称凉王。

403A.D. 晋元兴二年 (大亨二年) (桓玄永始元年) 魏天兴六年 后燕光始三年 后秦弘始五年 后凉神鼎三年 南凉弘昌二年 北凉永安三年 西凉李暠四年 南燕建平四年

七月,吕隆为沮渠蒙逊、秃发傉檀所逼,举国入后秦,后凉亡。刘裕破卢循于永嘉,循浮海南走。十二月,桓玄称皇帝,国号楚。

407A.D. 晋义熙三年 魏天赐四年 后燕建始元年 后秦弘始九年 北凉永安七年 西凉建初三年 南燕太上三年 北燕正始元年 夏赫连勃勃龙升元年

六月,勃勃称大夏天王、大单于。改姓赫连 七月,后燕冯跋等拥慕容云为天王,杀慕容熙史称北燕。

410A.D. 晋义熙六年 魏永兴二年 后秦弘始十二年 西秦更始二年 南凉嘉平三年 北凉永安十年 西凉建初六年 南燕太上六年 北燕太平二年 夏龙升四年二月,刘裕拔广固,南燕亡。


395A.D.

罗马皇帝狄奥多西死于米兰,遗命以其长子阿开底阿士为帝国东部皇帝次子荷诺利阿斯为西部皇帝,帝国从此分为东西两个,未再统一。

401A.D.

西哥特 王阿拉利克率师侵入意大利,据威尼西亚,直指米兰(皇帝驻在地)。汪达尔人、阿拉曼尼人亦侵入罗马帝国境内。

# 卢火胡沮渠蒙逊建北凉

隆安五年（401），沮渠蒙逊建立北凉。

沮渠蒙逊（368～433），是甘肃张掖地方的卢水胡族人，祖上曾任匈奴左沮渠，即以官名为姓氏。他的父亲曾是前秦苻坚的中田护军。蒙逊继承父亲的部曲，博涉史书，雄杰有谋略。晋隆安元年（397），后凉吕光命蒙逊伯父罗仇等远征，吕光弟吕延战死，凉军大败。吕光将此归罪于罗仇，并杀掉罗仇等人。蒙逊与从兄沮渠男成因而起兵反凉，共推吕光部下建业太守段业为磊大都督、凉州牧、建康公。攻取后凉张掖后，段业称凉王。段业是汉人，懦弱而没有权略。隆安五年（401），蒙逊诬告男成谋叛，诱使段业杀男成，蒙逊再乘机杀死段业，自称大都督、大将军、凉州牧、张掖公，改元永安，建立北凉。

北凉神马壁画。绘于甘肃省酒泉市丁家闸五号墓前室西壁第二层，神马倒悬龙首之下，白身赤鬣，作昂首扬蹄腾空飞驰状。两侧绘流云，下部绘昆仑山。

北凉建立后，蒙逊屡败西凉李氏，又攻取秃发傉檀的姑臧，并迁都姑臧。晋义熙八年（412），蒙逊称河西王，置百官，筑宫殿。后又灭西凉，取得酒泉、敦煌等地。西域鄯善王比尤，也来朝见他。西域三十六国，都遣使称臣，北凉达到最强盛时期。同时，沮渠蒙逊又向东晋、刘宋称藩臣，互派使者，晋、宋都曾封蒙逊为凉州刺史。

晋元嘉十六年（439），北魏拓跋焘攻北凉，占领姑臧，俘获蒙逊第三子北凉王祖渠牧犍，北凉灭亡。

## 桓玄暴虐

晋元兴元年（402），桓玄总摄朝政。

桓玄（369～404），东晋谯国龙元（今安徽怀远西）人，字敬道。一名灵宝，桓温子。袭爵南郡公。隆安二年（398），桓玄与南衮州刺史王恭、荆州刺史殷仲堪起兵，反对专擅朝政的会稽王司马道子及其子司马元显。次年，他击败殷仲堪，兼并荆州。隆安三年（399），桓玄率领荆江二州刺史，控制了长江中游地区，与朝廷对抗。元兴元年（402）司马元显对他发动进攻，他举兵东下，攻入建康，杀司马元显，掌握朝政。次年底他代晋自立，国号楚，年号建始，后改称永始。桓玄总摄朝政后，罢黜了一批奸佞，提拔了一些俊贤。但稍后，他即奢侈无度，政令朝出夕改。众人倍感失望。不久，三吴地区（今江苏吴县至浙江吴兴县一带）闹饥荒，到元兴元年（402）四月，仅会稽，人口减少十之三、四，临海（今浙江临海东南）、永嘉（今浙江温州市）的人口几乎全部丧失。不少达官贵人尽管身穿绸缎、怀抱金玉，却闭门饿死。昔日富庶的三吴地区变得凋零不堪。由于桓玄骄奢淫逸，政治腐败，因此称帝不久，即元兴三年（404）二月，刘裕便率北府兵征讨桓玄，杀桓玄于江陵，迎司马德宗（安帝）回建康复位。

北凉造像塔

## 刘裕攻破桓玄

晋元兴二年（403），桓玄称帝，国号楚。

桓玄称帝后，终日骄奢荒侈，游猎无度，大兴土木，使得百姓疲苦，朝野怨怒。北府旧将刘裕、何无忌、刘毅、刘道规等人乘机起兵，反叛朝廷。

北凉舞伎壁画

晋元兴三年，刘裕与桓玄的战将吴甫之在江乘展开大战。刘裕手持长刀，大呼向前，所向披靡，怒斩吴甫之。稍后，刘裕又与桓玄的右卫将军皇甫敷在罗落桥交战。在数重包围之下，刘裕背倚大树，越战越勇。正当情况危急之时，援兵赶到，大败皇甫敷。紧接着刘裕又与桓谦战于覆舟山（今南京市北）。战斗中，刘裕身先士卒，率领将士铺天盖地而来，呼声震地，一举击溃了楚军主力。桓玄战败后，挟晋安帝司马德宗西奔广陵。元兴三年4月，何无忌、刘道规率军西追桓玄至浔口（江西九江东）江中的桑落洲，与其部将何澹之

**117**

率领的水军接战。何澹之帅船羽旗壮观，自己却别居他船。何无忌将计就计，轻取帅船后，大呼已俘获何澹之，双方士兵都信以为真，何澹之的水军迅速溃败。桑落之战后，桓玄在荆州重整兵马，不到1个月，集合了2万士兵及许多楼船器械。于是，桓玄率战舰200艘，由江陵东下，与刘毅大战于峥嵘洲（湖北鄂县）。桓玄的队伍虽然势气旺盛，但桓玄自己则因怕死而置身于单舸之中，因此动摇了军心。刘毅借风放火，玄军大败，桓玄乘单舸逃回江陵。随后，桓玄听信毛璩之侄毛修之之言前往盖州，为盖州督护冯迁所杀，首级被送到建康，悬挂在朱雀门上。义熙元年（405），刘毅率大军攻入江陵，灭掉桓氏家族，诛杀桓玄党羽桓振，迎接安帝司马德宗回建康。

## 秦奉鸠摩罗什为国师

后秦弘始七（405）年一月，后秦王姚兴奉佛教大师鸠摩罗什为国师。鸠摩罗什，本天竺人（印度），生于西域，成为西域的名僧。前秦苻坚时，罗什与常山释道安彼此通致问候。道安死后20年，鸠摩罗什到长安，见到道安所译经卷，与自己的译本、义理相同。后来，后凉王吕光平定西域，携罗什到凉州，姚兴击败吕隆，又派人迎罗什到长安，尊以国师。姚兴十分重视佛教，对鸠摩罗什也很尊重，常带领众沙门去澄玄堂听罗什讲经解佛。罗什通达东西方语言，姚兴便命罗什带领僧略、僧迁、道树、道坦、僧肇、昙顺等800余僧，对旧有佛经，详加考校，并用意译方法，译出《摩诃盘若》、《法华》、《维摩》、《金刚》等经，共74部384卷，系统地介绍了大乘空宗的佛教学说。

陕西户县草堂寺鸠摩罗什舍利塔

## 魏道武帝持续改革

拓跋氏原是一个处在落后的家长奴隶制社会的游牧部落。道武帝拓跋珪建北魏后，解散了原来的氏族组织，使氏族成员们分土定居下来，成为国家的编户齐民，由此血缘关系的氏族变成地缘关系的编户。他还设置了八部帅监督户民，劝课农桑，使奴隶制社会迅速向封建制社会转化。

为了推进拓跋氏的汉化过程，拓跋珪重用汉人河北清河大族崔宏，帮助制定各项制度。皇始元年（396），拓跋珪开始建置百官，封拜官爵。第二年，又分置尚书三十六曹，并令全国研读五经诸书，置博士、国子学生30人，为国家培养人才。同年，拓跋珪迁都平城，开始营建都城，建宗庙，社稷，正封畿，制郊甸，标道里。魏天兴六年（403），拓跋珪命令有司根据官吏的品位、级别，制作不同的朝服、冠冕，使礼乐、等级制度逐步建立起来。天赐元年（404）八月，拓跋珪仿汉族六卿之制，设立六竭官；九月，又对官品爵位制度进行改革。他在昭阳殿引见文武朝臣，亲自考选，随才授任，将爵位定为王、公、侯、子四等。皇子及异姓功勋卓著者封王，宗室及藩属王降为公，以此类推。官品共九等，王、公、侯、子为前四品，以下散官共五等，文武百官中才能优异者予以擢拔。天赐元年十一月，拓跋珪又下令在宗室置宗师，在八部中置大师、小师，州郡中也置立师，目的是举荐人才。天赐三年（406）一月，拓跋珪又命人制定地方官制度，每州置刺史3人，官六品，其中宗室1人，异姓2人，相当于古代上、中、下三大夫；每郡置太守3人，官七品；每县置令长3人，官八品。刺史、令长必须到所辖州县处理事务，太守因为上有刺史、下有令长，虽设而没有实际事务。这样，北魏的职官从中央到地方都完全按照汉制的九品中正制执行。

北魏陶牛俑。赶车俑为汉人形象，牛车也与中原地区常见的牛车形制相似，这反映了中原地区与北部少数民族地区的交往。

道武帝拓跋珪一生持续改革，对北魏的建立和强大至关重要，并为北魏孝文帝拓跋弘进行大规模汉化改革起到鸣锣开道的作用。

## 魏道武帝晚年暴虐乱国

北魏道武帝晚年好服寒食散，药毒屡屡发作，拓跋珪的脾气一天天地也变得暴燥起来。他无端怀疑群臣不忠，稍有猜忌，就随手诛杀，对于有旧嫌的大臣更不放过。群臣及侍从如有脸色改变，呼吸不调，步履失节，言辞有误，

都被看作予谋不轨，往往还是亲手杀死，陈尸天安殿前。结果搞得群臣人人自危，不敢管理朝政，一时间北魏境内盗贼成群。

天赐六年七月，北魏慕容族人一百余户密谋逃亡，计谋泄露，被道武帝全部杀死。卫王拓跋仪参于穆崇谋杀道武帝，事泄出逃，被道武帝追回杀死。当时国中坦然自若，不被猜疑的只有崔浩父子二人。天赐六年十月，道武帝立齐王拓跋嗣为太子。北魏有个旧俗，立太子必杀其母，拓跋嗣母亲被赐死后，日夜号泣。道武帝安慰拓跋嗣说，这是古来就有的作法，当初汉武帝为防母后干予朝政，就曾杀死钩弋夫人。自己学习古代贤王，是为了国家长远之计。拓跋嗣宁愿不做太子也要母亲，道武帝非常生气。拓跋嗣听从左右劝告，赶忙逃匿民间。道武帝次子拓跋绍，封为清河王。长大后凶狠无赖，喜好便服游荡民间，甚至拦路抢劫，成为国中一害。道武帝把他倒吊在井里，奄奄一息时才放出。拓跋绍由此记恨在心。天赐六年十月，道武帝因事谴责贺夫人，把她关起来准备杀掉。贺夫人派人密告儿子拓跋绍，绍联络亲信及宫中宦官，于夜间杀死道武帝。

魏发生宫廷政变，太子拓跋嗣听说后立即回到都城，在群臣支持下，起兵平定叛乱，杀死拓跋绍及贺夫人，然后继皇帝位，改元永兴，是为明元帝。

# 匈奴刘勃勃建夏

晋义熙三年（407），匈奴赫连勃勃自立为王，国号大夏。

赫连勃勃原名刘勃勃，391年北魏拓跋珪率军消灭刘卫辰时，他投奔后高平公没弈干门下，并取其女为妻。勃勃身材魁伟，仪容可观，聪明善辩，很得秦王姚兴的器重，被封为安远将军、五原公，帮助岳父没弈干镇守高平。稍后又被任命为安北将军、五原公，镇守朔方。弘始九年（407），北魏、后秦互相归还俘虏，重新通好，勃勃闻之大怒，于是秘谋叛秦。不久，他在大城劫掠柔然社仑可汗敬献给后秦的8000余匹马，并杀掉了岳父没弈干，正式叛秦。

刘勃勃叛秦后，自称天王、大单于，设置百官。他认为匈奴是夏后氏的后代，

大夏石马。407年，匈奴族首长赫连勃勃自称大夏，建都统万城，后为魏属国吐谷浑所灭，历二十五年。

故取国名大夏，又认为从母姓姓刘不合理，帝王仍继天为子，是为徽赫，实马天连，所以改姓赫连氏。

刘裕攻灭后秦长安后，匆匆南回夺取东晋帝位，留其子刘义真守长安。勃勃现乘机进据长安，晋义熙十四年（418）称皇帝于灞上，然后留太子赫连璜守长安，自己仍回统万（内蒙古马审旗南白城子）新都，以便与北魏对抗。

赫连勃勃生为胡人，性格暴躁，手段残酷。每攻取一城池，都要坑杀投降的士兵。

到了晚年，他想废太子赫连璜而立幼子酒泉公赫连伦，因而引起了兄弟间的互相残杀，只好改立昌为太子。宋元嘉二年，赫连勃勃卒。次年，北魏攻占长安，以后又连续攻取统万，并掳获赫连昌。勃勃第五子赫连定，继皇帝位于平凉。宋元嘉八年（431），赫连定为吐谷浑击败，夏亡。

## 刘裕北伐南燕

东晋安帝义熙五年（409）四月，刘裕率兵北伐南燕。

南燕一直以来都骚扰侵掠东晋边境。刘裕因而上上表，请求讨伐南燕。当时东晋朝廷大部分人都反对出兵，而只有左仆射孟昶，车骑司马谢裕等极少数人赞同。同年夏季，刘裕率军北伐。途经天险大岘时，因慕容超不听公孙五楼提出的强占天险，坚壁清野的劝告，刘裕得以顺利通过。六月，刘裕进入东莞（山东沂水县）境内，派善谋果断的王镇恶（王猛孙）为中军参军，与南燕公孙五楼、段晖等激战于临朐之南。从早上战到中午，仍未决出胜负。于是，刘裕采纳参军胡藩的建议，派胡藩等人绕到燕军后方，前后夹击，大败燕军，斩段晖等10余人。南燕所用的玉玺、辇及豹尾均被晋军掠获。

临朐大捷后，刘裕率军包围南燕都城广固（今山东盖都西北）。南燕王慕容超派使者韩范奔赴后秦求救。后秦王姚兴得知广固被围后，派兵一万人到洛阳，与洛阳太守姚绍合力解救南燕。后因后秦伐夏失败，急需援兵而中途撤回。姚兴在派兵救燕的同时，又派使者去见刘裕，声称已遣铁骑10万屯于洛阳，如晋不收兵，将长驱而进。刘裕当即回答说，克燕之后，当息兵3年，即来取秦关、洛，目前如能自来送死，当然更好。刘裕认为，秦派使者，只是虚张声势。事实果如刘裕所言，秦军被夏击败后，自顾不暇，无力救燕。南燕死守广固等待秦援。然而，南燕派出的使者尚书张俊因不能返回广固城而投降刘裕，并向刘裕献计说，如果能说服韩范，燕人将不战而降。刘裕因而派人招抚韩范。跟随韩范的人劝韩范投奔后秦，以图恢复。而韩范认为刘裕从布衣起家，能够

翦灭桓玄，恢复晋室，又兴师伐燕，所向披靡，此为大势所趋，非人力所及。南燕若被灭，秦也难保，自己不可一辱再辱，不如顺应天意，投降刘裕。韩范的投降，彻底断绝了燕军的希望。义熙六年（410），刘裕攻下广固城，将慕容超送到建康，斩首示众。

## 卢循起兵

义熙六年（410），刘裕北伐南燕慕容超，据广州的卢循在其姐夫徐道覆的建议和支持下，乘机北伐东晋。

二月，北伐军兵分两路北方。一路由卢循率领越过五岭，经长沙、巴陵（今湖南岳阳）直指江陵，在长沙击败荆州刺史刘道规。另一路由徐道覆率领直下庐陵（今江西吉水北）、豫章（今江西南昌），大败官军，杀死镇南将军江州刺史何无忌。五月，卢循、徐道覆兵合一处，在桑落洲（江西九江东北长江中）大败晋卫将军、豫州刺史刘毅。

卢循连败何无忌、刘道规、刘毅后，东晋朝廷赶紧召回北伐的刘裕。而此时卢循和徐道覆却在进军趋向上发生争执。卢循主张退还寻阳，进平江陵，据二州以抗朝廷，徐道覆则认为应乘胜追击，这个作战计划正是刘裕所担心的。卢循的优柔寡断给刘裕一个难得的喘息休整机会。刘裕乘机大募士卒，修补城池，从全国各地调集人马，入保建康。

从五月到七月，卢循的北伐军顿兵建康城下，不仅丧失有利战机，而且还大大削弱了军队战斗力。最后，不得不撤出蔡洲，退守寻阳。

十月，徐道覆率水军3万进攻江陵，在破冢为刘道规所败，损失万余人。十二月，卢循又与晋军在大雷、左里等地大战，均失利，只得退守广州。义熙七年二月，刘裕派兵击杀始兴的徐道覆。三月，卢循攻番禺不下，转往交州，又为交州刺史杜慧度所败，遂投水自杀。

卢循起义时间虽短，却沉重打击了东晋王朝的封建统治，迫使政府采取了一些利民政策措施，为繁荣江南经济创造了有利的条件。

## 顾恺之代表魏晋绘画艺术高峰

义熙元年（405），著名画家顾恺之去世。

顾恺之（344~405）是东晋绘画的卓越代表人物，也是我国历史上著名的大画家、早期的绘画理论家。他出身士族高门，字长康，小名虎头，少年

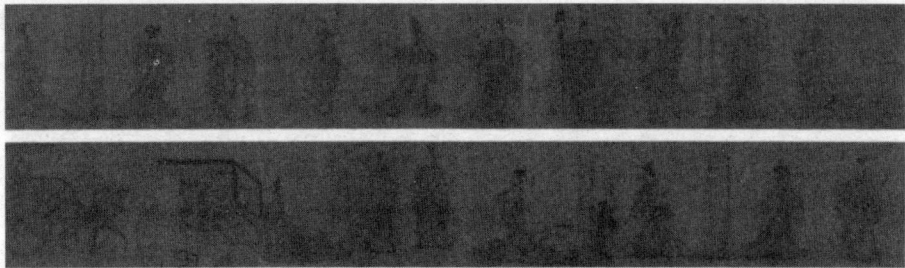

宋摹本东晋顾恺之《列女仁智图卷》

宋摹本东晋顾恺之《洛神赋图卷》（局部）

时便当上了大将军恒温的参军，后任散骑常侍。顾恺之多才多艺，名声很大，当时有"画绝、才绝、痴绝"的"三绝"称号。在绘画上，他总结了汉魏以来民间的和士大夫的绘画经验，把传统绘画向前推进了一大步。

顾恺之善画肖像，亦工山水，他认为绘画妙在传神，要以形写神，有"传神写照，尽在阿睹中"的妙语。青年时代，他为江宁瓦官寺作维摩诘壁画，当众为画像点睛，三日间便为寺院募得百万钱，此事轰动一时。他为裴楷画像，在颊上添上三毫，就使画像神采奕奕；画谢鲲则以岩壑为背景，因为谢鲲好游山玩水，故借此以表现其志趣风度。唐代书画评论家张怀瓘的《画断》说："像人之美，张（僧繇）得其肉，陆（探微）得其骨，顾（恺之）得其神，以顾为最。"一语奠定顾在绘画史上的地位。顾恺之本人在其画论里也说，画"手挥五弦"固然不易，但画"目送飞鸿"更难。此语正体现了他对神形兼具的追求，这一点对后来的中国画创作和绘画美学思想的发展，有很大的影响。

顾恺之的绘画题材涉及道释、人物、山水、禽鸟，无所不包，有文献记载的不下六、七十件，但真迹均已失传。从流传至今的被认为是顾恺之原作

摹本的《女史箴图》、《洛神赋图》、《列女仁智图》中可以看出顾恺之艺术的风格和神韵。

《女史箴图》（唐摹本）是依据西晋张华的文学作品《女史箴》而画，从"班婕有辞，割欢同辇"起至"女史司箴，敢告庶姬"止，共分九段。内容是教育宫中妇女如何为人的一些封建道德规范，但图卷中出现的是一系列动人的妇女形象，有冯婕妤奋起驱熊的矫健，有班婕婉言辞辇的端庄，有宫女日常梳妆的妩媚。画中的人物"笔彩生动，髭发秀润"，衣带迎风飘举，仪容典雅自然；其创造绘画形象的主要特征是注重用线造型，线条以连绵不断、悠缓舒展的形式体现出节奏感，用线的力度不大，如"春蚕吐丝"一样。顾恺之已将战国以来的"高古游丝描"发展到了完美无缺的境地。

《列女仁智图》（宋摹本）同样表现了传统题材，全卷原分15段，现存"楚武邓曼"、"卫灵公妻"、"孙叔敖母"等8段，画后题赞。画卷布局方式与形象特征与《女史箴图》相近。虽沿用自汉以来的传统题材，但在情节的表现上则注意到以人物的动态来处理相互之间的关系。

《洛神赋图》（宋摹本）是依据诗人曹植的文学创作而画成的，反映了顾恺之创作题材的扩大。绘画以故事的发展为线索，分段将人物及情节置于自然山川的环境中展开描绘。画中的洛神含情脉脉，若往若还，表达出一种可望而不可及的惆怅情意，体现了顾恺之概括为"悟对通神"的艺术主张。

后人对顾恺之的画法和风格论述颇多。唐人张彦远在《历代名画记》中说："顾恺之之迹，紧劲联绵，循环超忽，调格逸易，风趋电疾"，元人汤垕在《画鉴》中形容顾恺之用笔"如春云浮空，流水行地"，"傅染人物容貌，以浓色微加点缀，不求薄饰"。他在画法上师承卫协精细一体，开创后世"密体"一派，表现了魏晋之际绘画艺术的时代特征。顾恺之的绘画理论和创作实践代表了魏晋南北朝绘画艺术的最高成就。

## 陶渊明作《归去来兮辞》

晋孝武帝太元十八年（303）至晋安帝义熙元年（405），即从他的29岁至41岁，是陶渊明的学仕时期。在13年时仕时隐的生活中，陶渊明创作了不少的宦旅诗和散文，反映出他对仕途的厌倦和对田园生活的向往，而《归去来兮辞》则是陶渊明最后与官场诀别的辞赋作品。陶渊明作《归去来兮辞》后，辞去彭泽令，从此走上归田的生活道路（其归田后的生活、创作见陶渊明作《桃花源诗》）。

《归去来兮图》。"入世"与"出世"是中国知识分子思想中互补的两极。陶渊明《归去来兮辞》，正是"出世"这一极的最好反映。

《归去来兮·临清流而赋诗》

陶渊明29岁时因"亲老家贫"，起家为江州祭酒，不久，因"不堪吏职"，自行解职回家，闲居家中五、六年。晋安帝隆安四年（400），陶渊明到荆州任刺史桓玄属吏，翌年，因母丧辞职归家。桓玄兵败，刘裕入建康任镇军将军，陶渊明离家东下，在其幕下任镇军参军。义熙元年（405），陶渊明转任建威将军江州刺史刘敬宣的参军，八月，出任彭泽令，任官80多天，十一月，辞官归家，结束了13年时仕时隐的生活。

在陶渊明的学仕时期，创作的主要有宦旅诗及一些辞赋、散文如《庚子岁五月中从都还阻风于规林二首》、《辛丑岁七年赴假还江陵夜行涂口》、《癸卯岁始春怀古田舍二首》、就是著名的宦旅诗，抒发其宦海奔波中对家园的思念；《闲情赋》、《归去来兮辞》则是著名的辞赋作品，《闲情赋》以男女之情寄托自己执着的追求；《晋故征西大将军长史孟府君传》则是散文佳作。

《归去来兮辞》首段描述了辞官归田的原因及想象归途及到家的情景。"归去来兮，田园将芜胡不归！既自以心为形役，奚惆怅而独悲？"又"云天心以出岫，鸟倦飞而知还"，道出了作者对追求利禄和沽名钓誉的厌恶，以及对田园生活的魂牵梦萦。"舟遥遥以轻扬，风飘飘而吹衣，问征夫以前路，恨晨光之熹微。乃瞻衡宇，载欣载奔"，轻松愉快的心情跃然纸上。接着，作者描绘了怡然自得的归田生活。"悦亲戚之情话，乐琴书以消忧"，"善万物之得时，感吾生之行休"，亲情浸濡之下，疲惫的身心也得到休息。最后，作者抒发了归田后畅快的心情。"富贵非吾愿，帝乡不可期"、"聊乘化以归尽，乐夫天命复奚疑"，希望安贫乐道地过自然的生活，直至生命的终结。陶渊明的《归去来兮辞》以生动自然的笔触，描绘出想象中的田园生活的美好，表现了自己不屈服于权贵，不与庸俗之流为伍，"不为五斗米折腰"的耿介品格，行文情真意切，亲近自然，具有极深的艺术感染力，历来受人推崇。欧阳修曾说："晋无文章，惟陶渊明《归去来兮辞》一篇而已！"可见其地位之高、影响之大。

陶渊明在《归去来兮辞》中描绘的"不为五斗米折腰"，辞官归田，陶醉于田园生活的断然决择，更影响了以后许多文人的生活取向，不少人在政治抱负得不到舒展的时候，都转而投入自然的怀抱，寄情山水，自得其乐。

## 面食开始占主要地位

我国是个农业大国，农业文明的发展历史悠久，是世界上最早培植水稻、稷、黍等作物的国家。上古时，人们最重要的粮食食物是稷，黍则被认为是一种好吃的粮食，常用于年节或待客。后来麦也成了主要的粮食作物之一，但极少用来磨制成面食，只是做成干饭食用。古时五谷（稻、黍、稷、麦、菽）皆可作饭，如黍饭、菽饭等，古人以吃米饭和麦饭为多。直到汉代古籍中才有了关于饼食的记载，魏晋以后逐渐增多。这说明，汉代以后，主食有一个显著变化，就是面、点、糕、饼类的食物有了很大发展，到魏晋时开始占主要地位。

古代以面调水拌合而制成的面食，如点、糕、饼都通称为饼，如现代的馒头古名"蒸饼"；凡是水煮或油炸的面食，如面条、馄饨、水饺、元宵、油糕之类称"汤饼"。《御览》引《续后汉书》载："灵帝好胡饼，京师皆食胡饼。"《齐民要术·水引·法》条，对馄饨、面条的做法都做了详细说明。古时不单馒头称"蒸饼",把所有用蒸笼蒸的各式花馍、包子、糕点、蒸饺等都统称为"蒸饼"。起初不发酵,有"牢执"之称;后来才有了发酵技术,名为"起胶",这就有了"起面饼"。据《南齐书》载,西晋元康九年(299),规定太庙祭祀用"面起饼",实则馒头。蒸饼的形状不断改进,由扁平逐渐变成圆形,这就成了馒头。相传馒头一词,是诸葛亮发明的,《事物纪原》说诸葛亮南征时,见当地土族杀人取首去祭神,就让他们用面做成人头状的饼来代替,起名"馒头"。当时的馒头类似于今天的包子,是有馅的,后来才改成无馅的。

魏晋时期饼类食品的烹饪水平已非常之高,晋人束在《饼赋》中曾对蒸饼的做法、色泽、形状、气味作过细致而生动的描绘,从制饼的面粉到揉和成面团,用的馅料,所施调料,蒸时掌握的火候等等细枝末节都有详述,可见当时饼类食品也已很普遍。

## 鸠摩罗什译经·传播大乘空宗

弘始四年(402),鸠摩罗什应后秦主姚兴之请,住长安逍遥园开始主持译经,僧肇等800余人受命助译。

鸠摩罗什(344 ~ 413)是中国佛教四大译经家之一,其父在印度弃相位出家,远投龟慈(今新疆库车一代),被逼与龟慈五妹结婚,生鸠摩罗什。罗什七岁随母出家,学习小乘佛教毗昙学,后又学《阿含》等经,因聆听《阿

北燕玻璃碗。辽宁北票冯素弗墓出土。

耨达经》开悟，随即改学大乘。鸠摩罗什学识渊博，20多年间在西域讲经说法，享有盛誉。建元十八年（382），前秦王苻坚遣吕光等出兵西域，攻陷龟慈得罗什，罗什随吕光住凉州。弘始三年（401），后秦主姚兴遣将攻凉州，罗什被迎入关，次年入住长安主持译经。八年间译出《坐禅三昧经》、《阿弥陀经》、《大品般若经》、《法华经》、《维摩诘经》、《金刚经》、《大智度论》、《成实论》以及最著名的"三论"——《中论》、《百论》和《十二门论》等经论。

鸠摩罗什在长安专力翻译，译籍以般若经类为主，著述不多。他的翻译，在内容的准确性和文体、技法方面，较前人都有很大提高。后人将罗什的翻译称为"新译"，在他以前的统称"旧译"，开辟了中国译经史上的新纪元。

罗什译出的经论，极大地推动了佛教在中国的传播和发展。他译的"三论"后来成为三论宗立宗的依据，鸠摩罗什因此被称为三论宗的始祖。《成实论》开创成实宗，《阿弥陀经》为净土宗所依的主要经典，《法华经》开天台宗的端绪，《金刚经》启发慧能禅宗。可见鸠摩罗什的译籍，为中国佛教各教派的发展奠定了理论基础，他在中国佛学史上有非常重要的地位，他的翻译风格和治学态度给后学者树立了典范，极大地促进了中国佛教和佛学的发展。

罗什不仅是一位卓越的佛教翻译家，也是一位重要的佛教理论家，在理论上他主要是介绍印度龙树，提婆的中观学说。中观学说是印度大乘佛教主要派别之一，中国传统称为空宗。罗什通过研究，首先指出大小乘佛教理论的根本差异，他认为，小乘佛教主张"众生空"，又称"人空"，将人身分解成"五蕴"、"四大"，指出其无实。而大乘理论认为这是不够的，还必须看到"法空"。大乘学者的理论思维已达到本体论高度，不满足于小乘学者对解脱个人苦难的宣传，而主张从世界观的高度观察世界，探讨宇宙本原。中观学说则发挥了大乘佛教中空的思想，认为世界上的万物、人的认识甚至佛法都是一种相对的、依存的关系，只是一种假借的概念，只有排除了各种因缘关系，破除执着的偏见，才能悟出最高真理——空。在破除人们执着空有的两种偏见中提出"八不"学说，即"不生亦不灭，不常亦不断，不一亦不异，不来亦不出"。这"八不"是一切存在的基本范畴，也是人们认识之所以成立的根据，否定它们，也就否定了主观认识和客观世界，显示了空性真理。空宗的"中观"思想经罗什传译后，在中国佛学史上产生了重要影响，不仅在汉族地区形成了三论宗，并成为天台宗、华严宗、禅宗的立论依据。中观法门因此成为对中国佛教影响最深的印度佛教思想。

在灵魂有无的问题上，罗什与南方的慧远有重大分歧。从汉代以来，我国僧人执灵魂不灭论，认为人有一个不死的灵魂，是承受轮回业报的主体，一旦成佛就可以彻底解脱。从大乘空宗的角度看，人的灵魂自然也是一个空，生死、苦乐都是非常的表现，并通过一系列二律背反，否定不死灵魂的存在。罗什从西域带来的大乘空字思想对中国佛学界产生了巨大影响。在传播般若空观思想的过程中，他的弟子僧肇发挥了关键性的作用。僧肇本就是关中名僧，投以罗什门下，协助译经，他写了一些阐述大乘空观的著作，成为后世"三论宗"的始祖之一。

# 王珣写《伯远帖》

　　王珣的书法笔致清秀，潇洒古澹，传世墨迹有《伯远帖》，此帖纸本，行书，纵25．1厘米，宽17．2厘米。书法特色、时代风格尤为突出，它凝结了王珣一生对书法艺术追求的主要成就。

　　王珣（350－401），东晋书法家，王导之孙，王羲之从侄。王氏三世以能书见称于世，家学渊源，以词瀚为时宗师。王珣不但文词书法称绝，而且品德高尚。

　　《伯远帖》是王珣的一封书函，该帖用笔削劲挺拔，锋棱毕现，结体疏而宽，个别处相当严密。后人"宽可跑马，密不通风"之说，于此可找到具体例证。书势微向左倾斜，为的是取得险峻端庄的艺术效果，是他独具的特色。竖划顺笔下垂，无往不收；转折处信笔出之，有方有圆。结体在扁长之间，个别字如"胜、实、获、群"等，在羲之父子帖中可以找到他们的共同之点。

　　原帖曾刻入《淳化阁帖》，后代累有翻刻，《三希堂帖》凭原作钩勒上石，

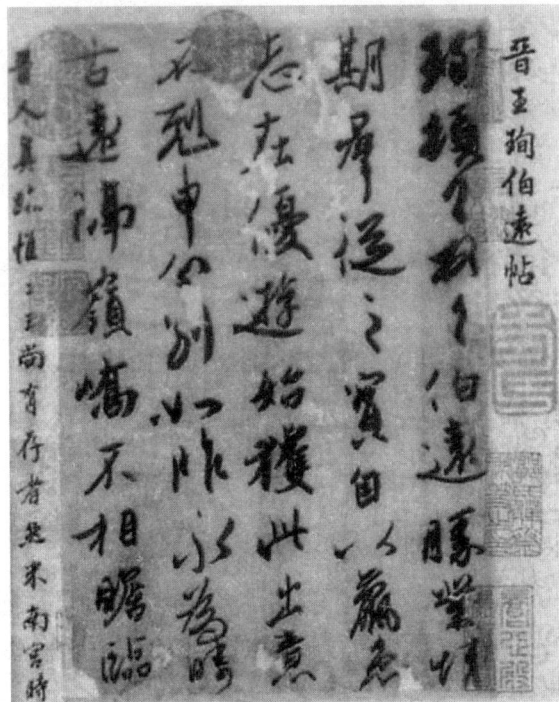

王珣《伯远帖》

129

仅得原作形式，至于运笔之转折顿挫，墨色之深浅灵活，再精的刻本都无法反映出来。

王珣《伯远帖》今仅存一卷海内孤本。它被列入"三希"之一，竟成为"三希"中唯一的晋人真迹。

## 汉人冯跋建立北燕

后燕正始三年（409）十月，后燕云。汉人冯跋即天王位于昌黎，仍用国号燕，是为北燕。

冯跋原是后燕禁军将领，后燕主慕容熙后，推高云为主，自任使持节、都督中外诸军事、录尚书事、武邑公，掌军政大权，及高云被宠臣所杀，冯跋称天王于昌黎（今辽宁省朝阳），国号仍为燕，建元太平，是为北燕纪元之始。

北燕主冯跋建立政权，励意农桑，下令省徭薄赋，百姓每人植桑100棵，柘20棵，凡堕农者斩首。冯跋又勤于政事，在国内设立太学，严禁贿赂得官。凡前朝苛政一概废除。北燕初期对外采取友好政策，与夏结盟，和北魏的战事也不多，因此国内政局稳定，社会较为富庶。

## 陶渊明作《桃花源诗》

从晋安帝义熙二年（406）解官归田至宋文帝元嘉四年（427）病故，是陶渊明的归田时期。归田的20多年，是他一生创作最丰富的时期，《桃花源诗》便是其中一篇杰作。诗中幻想的生活富裕、和平安宁的理想社会——桃花源，为后人描绘了一幅与封建社会相对立的理想社会的图案。

陶渊明归田之初，家有僮仆，温饱无忧。义熙四年（408）六月，家遭大火，家财散失殆尽，生活日益贫困。虽躬耕不辍，饥寒还是难免。义熙七年（413），他移居浔阳负郭之南村，广结朋友，其中有共话桑麻的农民，也有共赏奇文、共赋新诗的文人。他与两个佛徒周续之、刘遗民的交往，曾被人合称"浔阳三隐"。义熙十一年（417），著名诗人颜延之迁到浔阳，与陶渊明为邻，相互酬唱，感情融洽。义熙末年，朝廷征陶渊明为著作郎，被他拒绝。晋恭帝元熙二年（420），刘裕废恭帝自立为王，国号宋，东晋灭亡。宋文帝元嘉三年，江州刺史檀道济亲自上门劝病饿在床的陶渊明，并馈以粱肉，被他挥而去之。元嘉四年冬，陶渊明终于在贫病中去世。

　　陶渊明归田后，在自己所热爱的田园生活中找到了精神归宿，他的诗歌也主要描写平淡自然、又寓有真意的田园生活。陶渊明的田园诗，开创了中国诗歌史上一个崭新的题材领域。他的田园诗，有表现归田后怡然自得的生活情趣的。《饮酒二十首》第五首的"结庐在人境，而无车马喧。问君何能尔，心远地自偏。采菊东篱下，悠然见南山。山气日夕佳，飞鸟相与还。此中有真意，欲辨已忘言。"诗人与物相亲为一、万物各得其所的自然意趣跃然纸上。《读山海经十三首》其一："既耕亦已种，时还读我书。穷巷隔深辙，颇回故人车。欢言酌春酒，摘我园中蔬。微雨从东来，好风与之俱。泛览周王传，流观山海图。俯仰终宇宙，不乐复何如。"表现的则是耕种之余饮酒读书的乐趣。也有表现躬耕感受的，如《归园田居五首》、《庚戌年九月中于西田获早稻》；也有咏怀、咏史，寄托对理想追求的。《杂诗》回忆少年的"猛志"，叹息"日月掷人去，有志不获骋"；《咏贫士》以古代贫士"固穷节"自勉；《咏荆轲》、

桃花源。清静无为的思想在陶渊明笔下便成了一处"绝圣弃智"、自然和谐的"桃花源"，桃花源成了老庄政治哲学的现实建构，也成了历代政治家们疲累之余的休息场所。图为湖南桃源县传说中的"桃花源"遗址。

《述酒》借史抒发自己的政治理想。而《桃花源诗》是他追求的田园生活理想的集中和升华。

《桃花源诗并记》包括"记"和"诗"两部分。"记"以散文的形式记述了桃花源的传闻故事，"诗"则以歌赞形式侧面介绍了桃花源社会的特点和性质。诗的开头就以"嬴氏乱天记，贤者避其世"交代了桃源避世的背景，秦始皇暴虐无道，贤者都入山隐居，过上自由的生活。"春蚕收长丝，秋熟靡王税"，物产丰富，没有剥削和掠夺；"俎豆犹古法，衣裳无新制"，民风古朴，无阶级差异；加之"芳草鲜美，落英缤纷"、"土地平旷、屋舍俨然"、"黄发垂髫，并怡然自乐"的祥和气氛，展示了一个淳朴、安乐的乌托邦的理想社会。

陶渊明的诗歌，语言平实质朴，多用散句，不加雕饰。如"种豆南山下，草盛豆苗稀"；"方宅十余亩，草屋八九间"，平白如话。写景则饶有情趣，如"蔼蔼堂前林，中夏贮清阴。凯风因时来，回飙开我襟"。陶渊明还酷爱描写菊花、青松，自他描写的菊花后，菊花有了特定的象征意义。如《和郭主簿》："芳菊开林耀，青松冠岩列，怀此贞秀姿，卓为霜下杰。"而他写景，又意在笔先，富有理趣。如《饮酒》第五首描写飞鸟结伴而还，在平实的描写之后，点出"此中有真意，欲辩已忘言"，寓意于景，含而不露，显示出物我一体，返朴归真的意趣。陶渊明诗歌的这些特点形成了陶诗自然平实又意味深长的艺术风格。

陶诗的艺术风格在晋宋以后渐趋绮靡的诗风，以及当时流行的枯涩的玄音诗中独树一帜。唐、宋以后，陶诗更倍受推崇和高度评价。而且自此以后，更开辟了一个新的流派—田园诗派，在中国诗歌史上影响深远。历代"拟陶"、"和陶"的诗歌层出不穷。更者，陶渊明的孤高品格、"桃花源"的理想、诗意化的生活情趣，对后代的文人、士大夫都产生了极大的影响。

## 《小品方》影响深远

在魏晋南北朝近200种临床医方书中，形式独特、内容丰富，对后世及国内外影响最大的，当首推陈延之所著的《小品方》。

陈延之（生卒年不详）据传是东晋时期的一位学养深厚的民间专业医生，所著《小品方》大约成书于公元400年前后，宋元时期就已散佚失传。1985年在日本发现了《经方小品》残卷。从这个残卷中可以看出，这部分是陈延之参考了18种、300多卷前人著作编撰而成的，其医学思想和成就，在一定程度上反映了魏晋时期的临床医学水平。

首先，在分卷方法上，它比较完整地体现了内、外、妇、儿、针灸等分科论治的基本框架，反映了当时临床医学的丰富内容和发展。其二，《小品方》十分重视用药的法度，对病人的体质强弱、病情轻重、病程长短等因素与用药剂量的关系，作了重要论述，认为不同情况的病人，应采用不同剂量的药物。现代科学实验结果证明了其科学性。其三，《小品方》对一些常见病的治疗及专科知识有精当、实用的论述。书中对瘿病（地方性甲状腺肿大）的病因认识、症状描述、含碘药物的用法的论述与现代医学的认识基本相似，使人不能不惊叹1500年前中国医生对此病就认识得如此深刻。在妇产科方面，陈延之较早地提出了晚婚晚育的思想。对围产期、产褥期保健，产后护理与调养，对妊娠病、难产病及产后病的治疗都作了论述，很多观点和方法至今仍有指导意义和实用价值。此外，《小品方》记载了多种儿科常见病的治疗方药，其中治疗小儿腹股沟斜疝的方法具有较高的科学价值。

《小品方》之所以广泛流传，影响巨大，除了本身内容丰富、详实、科学以外，还有一个更重要的原因，就是它以普及为目的的创作态度。在该书的序言中，陈延之明确地说，他较全面地记载各科常见病的治疗方法和方药的目的，是让那些不愿做职业医生但却想学一点医术以防病救危的人提供入门书，掌握了这些内容，可以在危急时刻有办法处理。应急和普及入门是其创作宗旨，正因它较好地发挥了这两方面的作用，才得以影响深远。

唐代太医署将《小品方》明确定为必须讲授的教材，日本的《大宝律令》《廷喜式》等也将其定为教科书，并规定了长达300天的教学时间。南朝陶弘景增补《肘后救卒方》，隋代巢元方的《诸病源候论》，唐代孙思邈的《千金方》，王焘的《外台秘要》，甚至日本丹波康赖的《医心方》，朝鲜礼蒙的《医方类聚》等重要医书，都引录了《小品方》的内容。《小品方》在国内外产生了十分广泛的影响，促进了医学的传播和发展；同时，其普及医学知识的方式对后世乃至今天正确处理普及和提高的关系仍有一定的启示。

# 中国陶器流行于世界

三世纪中后期以来，随着晋代移民不断迁居到朝鲜半岛的大同江流域，中国的制陶技术开始传入朝鲜，并在长时期左右着朝鲜陶业的发展。

平壤附近高句丽国都故址土城里及其邻近地方，发现数以千计的砖椁和木椁古坟，与同时期朝鲜本土流行的石坟和土坟文化面貌不同。特别是古坟中的许多砖瓦纹饰，明显具有汉魏六朝风格。墓中发现的文字砖共有十多种，

动荡中的文明

东晋青釉褐斑羊头壶。西晋盛行的带状印纹已消失，被划于肩部的双弦线代替。

具其中年代可考的研究，这些陶砖起自 182 年至 404 年，即东汉光和五年至东晋元兴三年，而且有年代的多数标的是东晋年号。南北朝时期，朝鲜半岛的百济和新罗建筑陵墓、寺院和宝塔等所用的瓦当，以及日用缶瓮等陶器等，无论烧制技术和波纹装，都与中国境内同期的陶制品一般无二。中国陶工和制陶技术在朝鲜的传导和影响，从中可见一斑。

463 年，中国的制陶技术辗转到达日本，这一年日本雄略天皇派吉备弟君从百济移植陶部，在国内制造出灰质硬陶，而原来由本国土师部制作的红褐色瓦器完全退出了日常生活，仅用在祭祀丧葬等仪式中。

在东南亚各地，中国的陶器从汉代开始便已传入。东晋南朝时期，越南北部陶器有瓮、壶、鼎、甑、灶、碗、杯、盘、匙、烛台、香炉等种类，色泽有赤、灰、白黄数种，并有釉陶，与中国中原陶器完全一样。而且他们还把学习汉人制陶技术后制作的各种粗精陶器，传播到马来半岛、苏门答腊岛、爪哇岛等地，使中国的陶业流布到东南亚各地。

三世纪以后，中国陶器和制陶技术也曾流行到非洲东部地区，东苏丹境内的麦洛埃，制作部分非埃及式样的陶器中，有许多受到汉晋陶器式样的影响。随后这种式样的陶罐又随麦洛埃陶器继续南传，流布到东非和中非地区，成为赞比亚的邓布韦和津巴布韦等地的一种陶器样品。

中国陶器以其质地优良，制造技术精湛，品种繁多，造型独特美观等特殊的魅力，传往海外，在东亚、东南亚、非洲等地的制陶业上开辟新的天地，对当地的陶业发展起了不可估计的促进作用。

# 东晋

412A.D. 晋义熙八年 魏永兴四年 后秦弘始十四年 西秦更始四年 乞伏炽磐永康元年 南凉嘉平五年 北凉永安十二年 玄始元年 西凉建初八年 北燕太平四年 夏龙升六年。

二月，迄伏乾归徙都谭郊，击降吐谷浑于赤水。六月，乞伏公府杀乞伏乾归。乾归子炽磐迁枹罕，杀公府，八月，称河南王。九月，刘裕攻刘毅，毅败自杀。沮渠蒙逊，迁于姑藏，十一月即河西王位。法显归山东。

414A.D. 晋义熙十年 魏神瑞元年后秦弘始十六年 西秦永康三年 南凉嘉平七年 北凉玄始三年 西凉建初十年 北燕太平六年 夏凤翔二年

六月，秃发溽降于乞伏炽磐，逾年被鸩死，南凉亡。积素记亡 后秦佛学家僧肇去世。

415A.D. 晋义熙十一年 魏神瑞二年 后秦弘始十七年 西秦永康四年北凉玄始四年西凉建初十一年 北燕太平七年 夏凤翔三年

赫连勃勃拔后秦杏城，阮士卒二万。五月，加刘裕殊礼。赫连勃勃与沮渠蒙逊结盟。寇谦之整顿道教。

417A.D. 晋义熙十三年 魏泰常二年 后秦永和二年 西秦永康六年 北凉玄始六年 西凉李歆嘉兴元年 北燕太平九年 夏凤翔五年

八月，晋将王镇恶入长安，姚泓降，后秦亡。九月，刘裕至长安，送姚泓于建康，弃市。

418A.D. 晋义熙十四年 魏泰常三年 西秦永康七年 北凉玄始七年 西凉嘉兴二年 北燕太平十年 夏凤翔六年 昌武元年

六月，刘裕为相国，封宋公，加九锡，晋兵留长安都大乱，赫连勃勃进据咸阳。十一月，晋兵弃长安东退，赫连勃勃兵追败之于青泥赫连勃勃入长安，即皇帝位于灞上，改元武昌。

411A.D.
圣奥古斯发表《上帝之城》。

## 刘裕灭刘毅

晋义熙八年（412），刘裕诛灭刘毅。

刘裕、刘毅、何无忌为东晋北府兵的三巨头。卢循起兵，何无忌战死，刘毅战败。紧急关头，刘裕从北伐前线赶回，平定卢循。和刘裕同时起家的刘毅，虽然外表推崇刘裕，内心常怀忌恨。刘裕一向不喜读诗书，而刘毅则爱好文雅，朝中文雅之士多依附刘毅，于是刘毅暗中勾结朝中尚书仆射谢混、丹阳尹郗僧施，立志除掉刘裕。刘裕知道刘毅必反，于是先发制人，假意同意调刘藩至荆州，而乘刘藩到京城时，收捕刘藩，处以死刑，随即亲自率兵讨伐刘毅。

刘裕任命振武将军王镇恶为前锋。王镇恶一路宣称自己是刘藩的军队，军队顺利入城。王镇恶占领大城后，又派人挖穿刘毅据守的牙城。半夜，刘毅突出重围，在城北的牛牧佛寺自缢身亡。

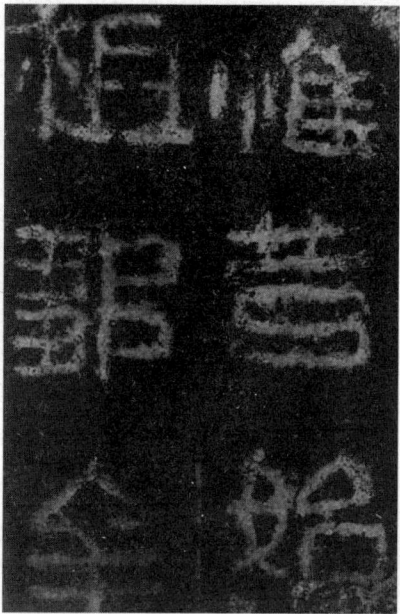

《好太王碑》，晋义熙十年（414）立。

## 刘裕行义熙土断

东晋安帝义熙九年（413）三月，时任太尉的刘裕因桓温庚戌土断过时已久，逐渐失去作用，国内人民和实际户口很不一致，给国家兵役来源及租赋收入造成混乱，因而请求再次实行土断。

刘裕实行义熙土断时，除徐、兖、青三州居住在晋陵（今江苏镇江、常州一带）的住户可以不进行外，其他流寓郡县大多被并省，归入本地郡县。会稽（今浙江绍兴）四姓中的余姚世族虞亮抗命，藏匿亡命千余人，被处以死刑。于是豪强肃然，远近知禁。

义熙土断，是历史上第四次土断，也是比较彻底的一次。它打击了东晋豪强士族势力，对维护东晋政府的兵役来源和租赋收入起到了重要作用。

## 北凉造《玄始历》

玄始元年（412），北凉造《玄始历》。

春秋战国以来，人们根据所发现和创立的二十四节，总结出19年为一章，每章有7个闰年的历法规律。如《太初历》、《四分历》等，都是采用这一闰年法。

东汉以后，随着天文观测记录的逐渐积累，统计所得的回归年日数和朔望月日数的比率更加精密，给改革闰周、调整回归年数和朔望月数的比率创造了条件。人们发现，19年7闰的闰年方法，虽比以前进步得多，但闰数稍大，每过240年左右，就要相差1天。玄始元年（412），北凉科学家赵欧在吸收前人成果的基础上，对这一闰年方法加以改进，制订了《玄始历》。《玄始历》把600年算作一章，每章包括221个闰月。这样，沿用近千年的19年7闰法发生动摇。赵欧对闰周方面的设计，在天文学史上具有重要意义，为南齐祖冲之编制《大明历》奠定了基础。《大明历》中391年有144闰月的闰周法正是《玄始历》闰周法的继承和发展。

## 师子国赠玉佛像

东晋时，对外交往颇为频繁，与东边的高丽、倭，南边的林邑、扶南，西南的天竺、师子国，西边的大秦、波斯等都有使者或商业往来。

东晋安帝义熙初（405），师子国（今斯里兰卡）遣使向东晋赠送玉佛像一座。佛像高4尺2寸，玉色洁润，形制特殊。途经10年才运到建康。入晋后供奉在建康瓦棺寺内，与顾凯之所画的《维摩画图》、戴逵手制的佛像五躯并称瓦棺寺三绝。可惜，这件凝聚着中师人民之间友谊的稀世珍品后来毁于南齐东昏侯，被截断作了潘贵妃的钗钏。

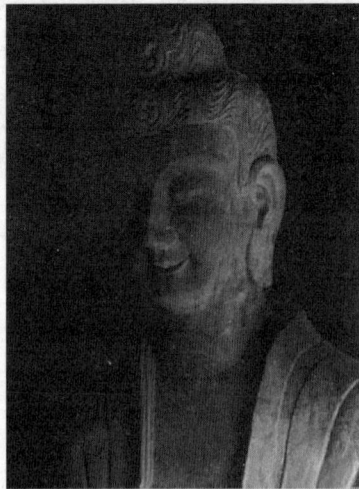

北魏佛造像

# 夏筑统万城

赫连勃勃建立的夏，以不设都城而著称。然而，在获得后秦的大片土地，国力逐渐强盛后，为了对付主要敌人、世仇魏拓跋氏的进攻，勃勃于凤翔元年（413）三月，命叱干阿利为将作大匠，征发岭北胡、汉各族10万人在朔方水山、黑水之南（内蒙古乌审旗南白城子）筑城作为临时都城。

阿利虽精于设计，但脾气暴燥，性情残忍。他命令筑城工匠用蒸熟的土筑城，筑完后检查，如果用锥子能扎入一寸，就杀掉筑城者，并把尸体也筑到城墙中去。因此，城墙筑得非常坚固，硬得可以磨砺刀剑。城筑好后，赫连勃勃自称"朕方统一天下，君临万邦"，故取名为"统万"。统万城高10仞，基厚30步，上广10步，宫墙5仞。城内台榭高大，飞阁相连。城开四门，东为"招魏"，南为"朝宋"，西为"服凉"，北为"平朔"。如此取名，

统万城遗址。俗称白城子，十六国时期大
夏的都城。

**139**

表明赫连勃勃有统一天下的野心。可惜，统万城在赫连勃勃死后的第二年，也就是宋元嘉二年（425），即被北魏拓跋焘攻占。

## 刘裕伐秦

东晋义熙十二年（416）八月，刘裕率军伐秦。

东晋义熙十一年（415），司马休之、鲁宗之被刘裕打败投奔姚兴后，后秦即利用他们在荆襄一带的影响，进扰东晋边境。恰在这年，姚兴病死，姚泓继立。姚泓庸懦软弱，无经世之才，且和赫连勃勃、北魏拓跋氏连兵不已。东晋太尉刘裕于是乘后秦内忧外困之机出兵讨伐姚泓。

刘裕率军四路北伐，水陆并进。一路由王镇恶、檀道济率领，自淮水、泗水进取许昌、洛阳；一路由沈林子等率领水军，与王镇恶相配合，由汴水进入黄河；一路由王仲德率领，由淮水到泗水，济水入黄河；一路由沈田子等人率领，迳趋武关。

九月，刘裕北进鼓城，北魏守将尉建弃城渡河北走，魏派兵南下，责问刘裕为何犯边。王仲德机智地回答说：本想以布帛 7 万匹向魏假道伐秦，不意魏守将弃城而走。这样晋、魏避免了大的军事冲突。十月，王镇恶一路进展神速，攻近洛阳，后秦洛阳守将姚洸战败投降。十二月，东晋朝廷诏命刘裕为相国、总百揆，扬州牧、封十郡为宋公、备九锡之礼，位在诸侯王之上。可是，刘裕又暂辞不受封。第二年一月，刘裕率军沿河西行。四月，刘裕进至洛阳。

王镇恶攻克洛阳后，进攻潼关，秦军据险而守。同年七月，刘裕率军来到潼关，对兵力作了重新布署。一路由沈田子率领入武关，抄长安后路，一路由王镇恶率领作正面进攻。八月，姚泓想先消灭沈田子解后顾之忧，于是和沈田子在青泥（陕西蓝田县）大战。沈田子因是疑兵，只有一千多人，而秦军数万人。但沈田子认为兵贵用奇，如果不战，将被困死，不如趁敌营未立，先行攻击，或许可以取胜。他身先士卒，整个北府兵踊跃鼓噪，舍身奋击，秦兵大败，姚泓只好率余众退至灞上。

王镇恶率水军自黄河入渭河，直指长安。在过渭桥时，镇恶让战士饱餐一顿，然后把所有战船全部让水冲走，并对将士说："你们家在江南，这儿是长安城北门外，离家万里，而船粮衣物，都随水而去，哪里还有生存之计！唯有决一死战，方可立大功，不然，我们都死定了。"于是，众将士人人奋勇当先，一举攻克长安。姚泓投降，后被斩首。

# 姚兴去世

弘始十七年（416）二月，后秦王姚兴病死，时年 51 岁。

姚兴，字子略，羌族。姚兴在位期间，留心政事，曾下令释放平民自卖为奴者，注意发展农业生产。他很重视文治，曾立律学于长安，集中培训各地官吏，提倡佛教和儒学。同时，他也十分注重选拔人才。弘始十三年，他令群臣举荐贤才，右仆射梁喜认为："自己多次受诏，但一直找不到合适的人，

将军坟。将军坟在吉林省集安县城东七八里的龙山上，是古高句丽王的陵墓，因早年盗失已无一物，经考证约建于五世纪初期。坟全用巨石垒砌，平面正方形，3.5 米，高 12.4 米，呈层层递减的七级方台，状如金字塔，故被誉为"东方金字塔"。

可见当今缺乏人才。"而姚兴则说："自古帝王创业之时，从未向前朝寻找宰辅，也不向后代等待将帅，而是选择任用当世之才，发挥各人所长，人尽其用，达到大治。"又有一次，城门校尉王满聪，守卫长安平朔门，姚兴出游晚归，想从此门进城，王满聪因天黑不辨奸良，闭门不纳，姚兴只得由别门而入。第二天早晨，姚兴因王满聪尽忠职守，即予以提升。

姚兴先后攻灭前秦、西秦及后凉，并与北魏、东晋相抗衡，是十六国时期继苻坚之后最有能力的君主之一。但是，他晚年不听劝阻，导致秃发傉檀、赫连勃勃的反叛。在继嗣问题上，原立姚泓为太子，后又宠爱姚弼，助长了姚弼的野心，结果爆发了宫中武装夺位之争，姚兴不得不处死姚弼。姚兴死后第二年，后秦就在内外交困中为东晋刘裕所灭。

## 吐谷浑崭露头角

义熙十三年（417）二月，吐谷浑王树洛干死，弟阿柴继立，开始崭露头角。

吐谷浑活动区域，大致东、北自枹罕（今甘肃省临夏县）以东千余里暨甘松（今甘肃省迭部县东、白龙江北）；西至洮水西南、远极白兰（今青海省布尔汗布达山）；南界昂城（今四川省阿坝县）、龙涸（今四川省松潘县）。视罴在位期间开始强大，有挖弘之士2万。（西）秦乞伏乾归曾拜视罴为都督龙涸以西诸军事、沙州败、白兰王，视罴不受，（西）秦遂遣军队击败视罴，视罴退保白兰。

隆安四年（400）视罴死，弟乌纥堤立，乌纥堤耽酒淫色，不恤国事，偷袭（西）秦不成，反为所败，亡失万余口，逃奔（南）凉，几乎亡国。

义熙元年（405）乌纥堤死，视罴子树洛干立，连帐于莫贺川（今青海同德县巴沟），自称大都督、车骑大将军、大单于、吐谷浑王、号戊寅可汗。

树洛干轻徭薄赋，信赏必罚，附近部落莫不归附。吐谷浑开始复兴。

西秦乞伏氏忌吐谷浑强盛，屡次兴兵袭击，树洛干被迫退保白翻，本月病死，弟阿柴立。阿柴雄略果敢，领部众后自称骠骑将军，沙州刺史，重新开始拓土，先兼并周围氐羌小部落，有地方千里，后更趁（东）晋末谯纵乱蜀之机，向南推进到龙涸，与（东）晋接壤。吐谷浑势力由此逐渐强盛。

# 僧肇推动中国佛学

僧肇是东晋时的僧人本姓张，京兆长安（今陕西西安）人。大约生于公元374年（一说是384年），死于公元414年。僧肇幼年因为家境贫寒，靠代人抄书为生，得以阅读大量的经史典籍。他非常喜欢《庄子》、《老子》。后来，他读到了旧译的《维摩经》，终于悟道出家。

鸠摩罗什从西域来到长安，僧肇投到罗什门下，跟从受学，协助译经。他写了一些阐述大乘空观的经注、经序，深得罗什赏识，被誉为"秦人解空第一"。僧肇的主要著作是梁陈年间编集的《肇论》一书，包括《不真空论》、《物不迁论》、《般若无知论》、《涅槃无名论》四篇论文。

程段儿石塔

在《不真空论》中，僧肇阐述了佛教宇宙观，对六家七宗进行了批判性总结。他认为心无宗没有真正否定客观世界，不能达到大乘物我两空的境界。而即色宗将世界分为本质和现象两部分，是不符合中观因缘和合思想的。他在此文中主张将有与无统一起来，万物非有非无，本无自性，假有不真，不真则空，是谓"不真空"。《物不迁论》则宣传真如佛体动静一如，即体即用，人应该在断灭无常、变动不居的现实世界中去把握真如本体。《般若无知论》叫人们放弃世俗"惑智"，学会超情遣知，洞照性空的般若智慧，从而达到大彻大悟的涅槃境界。

僧肇以中国的语言文字介绍了佛教般若学空宗的思想及方法，使大乘空宗在中国佛学界得以确立。僧肇及其学说深受后代佛教学者的推崇，隋代形成"三论宗"后，以僧肇之学为正系，将他和鸠摩罗什并称为"什肇山门"。

## 中国佛学学派兴起

两晋时期，中国本土的学者以老庄玄学比附从印度传入中国的般若学，对大乘佛教般若空宗的旨义产生不同理解，形成与玄学三派相对应的几个中国化的般若学学派，历史上称为"六家七宗"。它标志着中国佛学学派的兴起。从此，佛学取代玄学，成为中国思想文化的主流，在隋唐时期达到鼎盛。

佛教在东汉时期传入中国时翻译的经典以般若类为主，重点介绍大乘般若空宗的理论。大乘般若学的主旨是从客体的缘起性空和主体智慧能观照性空两方面阐述大乘"空观"理论。这种理论与魏晋玄学本体论接近，又因为当时的学者大都谙熟老庄玄学，他们很自然地以玄学概念比附佛学，形成佛、玄汇合的思潮。佛、玄融合经历了三个阶段：佛学初入汉土之际，玄学为显学与思想主流，佛学依附于玄学发展；到西晋兴起般若思潮，翻译家一方面以玄解佛，另一方面已不满足于名词概念之争，不再拘泥于文字，力图从思想实质把握佛学，他们从不同角度理解般若学，形成"六家七宗"，中国佛学学派在这一期兴起；两晋以后佛学取代玄学在思想领域占据主导地位，玄学依附于佛学。

中国佛学学派的兴起，与玄学内部三派之争有密切关系。"六家七宗"的出现，是玄学三派理论争辩的进一步展开。魏晋玄学重点讨论"有无"、"本末"、"体用"等本体论问题，这些争论在现实中表为名教与自然的关系问题。这场本体论上的争辩使玄学分化为"贵无"、"崇有"和"独化"三派。"贵无"派以何晏、王弼为代表，主张"无"为万物之本，"有"为末，提出"以无为本"

的本体论原则，崇尚自然，认为自然可以统御名教；"崇有"派以裴頠为代表，认为"有"不从"无"产生，而是万有"自生"，万有的整体是道，万有化生的规律是理，道与理都只能体现在"有"中，重视礼法名教的作用；"独化"派以郭象为代表，主张万物独化，不从"无"中产生，也不受造物主支配，独自生成变化，提出名教即自然的理论。

魏晋玄学的本体论与印度佛教般若学的性空说在理论上有相通之处，一个探讨本体，一个研究自性，两者可以会通。玄学家带着玄学的理论背景理解般若学，发源于印度的般若空宗经玄学家的不同解释，遂分化为不同学派，形成"六家七宗"的局面。"六家"指本无、心无、即色、识含、幻化、缘会六个学派，"七宗"是在"六家"的基础上，加上由"本无"派发展出来的"本无异"派。"本无"宗以道安为代表，主张各种现象与事物本性是无，实际上用玄学"贵无"派以无为本体的观点解释般若空观，偏重从客体方面

光相桥。位于绍兴西北角，始建于东晋，是绍兴现存较早的一座古桥。桥拱上有莲花座图案和"南无阿弥陀佛"。

145

论证性空；"本无异"宗认为"有"从"无"中产生，仍带有生成论色彩，与魏晋玄学本体论有异，不久消失；"心无"宗最著名的代表人物是支愍度，这一派侧重从主体的空观论证万物不真，为假相，但不否认物的存在，与玄学"崇有"论的思路接近；"即色"宗以支道林为代表，认为物质现象由于缘起而存在，没有自性，只从缘起的角度论证性空，不辨"有无"、"本末"问题，与玄学"独化"说的思路一脉相承。"识含"、"幻化"、"缘会"三宗与"即色"宗观点大同小异，所以"六家七宗"按其哲学思想可以归纳为"本无"、"心无"、"即色"三家，分别与玄学的"贵无"、"崇有"、"独化"三派相应。"本无"、"心无"、"即色"三家分别从客体、主体和缘起的角度理解般若空宗，在理论上都不够圆融，它们的思想是般若学与玄学汇合的产物，是中国化的佛学。

两晋之际兴起的般若学思潮，是印度佛学中国化的开端，"六家七宗"的出现，标志着中国化佛学学派形成。"六家七宗"的思想与印度般若空宗相比，不够深刻、圆融，但它毕竟是中国僧人、学者以本土思想消化、融合外来思想的一次大胆尝试，它表明中国本土的学者已不再满足于传译印度佛教典籍的章句之学，而要求结合中国本土思想研究外来佛教，以图有所创新。实际上两晋时期的般若学研究并没有停留在以玄解佛的阶段，而是通过玄学的中介，很快进入独立发展阶段。中国佛学学派的兴起是中国文化史上的一个转折点，从此，佛学研究取代玄学争辩，在思想领域中占主导地位，影响了中国文学、艺术和哲学的发展。

## 河西墓葬多画像砖

魏晋时期，中原地区的豪宗强族多已逐渐衰微，但是在河西地区，封建割据的坞堡还在发展，因而大量的整齐的墓葬群也在这一地区出现。

所谓河西即指酒泉、敦煌一带地区。当地墓葬的最大特点是聚族而葬，并且均为凿建于戈壁砾岩上的有斜坡墓道的洞室墓。在墓室中有题材多样的画像砖和壁画，大抵早期的墓室壁上的画是每砖一画，若干砖组成一组有机的画面，到十六国时期，则单幅的画像砖被布满整个壁面的壁画所替代。

值得说明的是，魏晋时期整个社会的艺术风气仍倾向于写实，是写实技巧进一步深入的时期。在这个阶段里，上层的专业画家和当时的民间画家，无论在绘画风格上还是在技巧水平上，都逐步拉开了很大距离。上层画家越来越致力于追求精巧细致的宫廷式风格、而画工们则还继续保持着他们淳朴

晋庄园生活砖画

质厚、不假修饰的民间审美情趣，出自他们手中的画像砖，依然保留着汉代遗风。

河西画像砖保留了汉代画像砖的许多题材，而以墓主生前的地位和生活为主要铺排内容。画像砖既表现墓主的宴饮、奏乐、庖厨，又描绘其居室内的女侍、丝束、衣物，还有庄园里的耕种、采桑、打场、放牧的场面，和城堡、营垒、步骑兵的画面。

在砖的砌法上，河西画像砖有其特色，它们多嵌砌于墓室内壁。画砖的砖面横置，四周勾以红赭色边框，壁面上一般嵌砌4层至5层。整个壁面包含了一个或几个主题下的多组画面，每一组画面又是由若干单幅画砖构成的。

这些画像砖笔法粗放、设色简单，还保持着我国早期绘画那种写实技艺，和那种天真烂漫、朴质纯净的审美趣味。

## 私学流为三派

魏晋时期，政局动荡，政治统治松懈，两汉蓬勃的官学在汉末屡遭战乱而沦为废墟，魏晋南北朝平宁时少而丧乱弥多，虽作过复兴官学的努力，但已无法达到昔日的繁荣，在这种情形下，地方私学呈现出繁荣的局面，形成了三大流派，学术文化赖此得以保存和延续。

私人讲学在先秦已经出现，两汉臻于鼎盛。在动乱频仍的魏晋时代，饱学之士不再迷恋仕途，抱经自守，隐逸之习蔚然成风，有的聚徒讲学，学生人数上百人或几千人的屡见不鲜，南朝齐国刘瓛就是冠盖当时的鸿儒。居家讲学者更是不可胜数，使私学成为

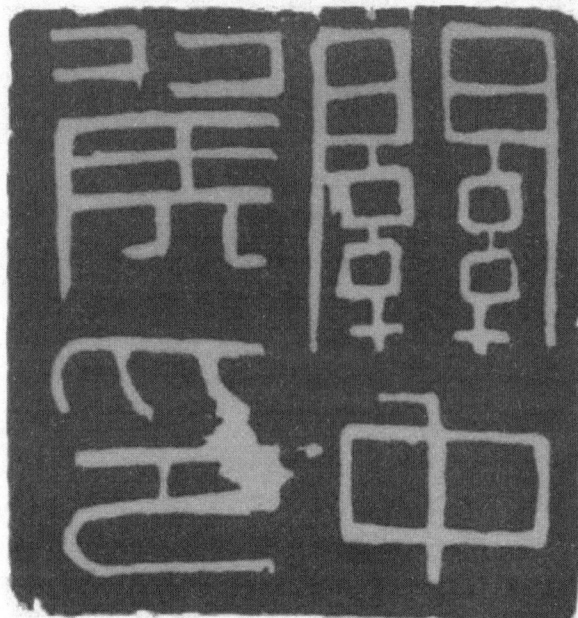

晋关中侯印

晋武猛校尉印

风行一时的最重要的教育形式，甚至在一定程度上取代了官学的地位。

　　梁武帝天监四年（505）开办了5个学馆，成为当时私学发展的典型。尤其潮州严植的学馆最闻名遐迩，每当他设坛讲学时，五学馆的学生都赶来听课，常常多达千余人。而北方私学盛于南方，徐遵明是北方首开宗派的大儒，北朝的儒士大多是他的学生。

　　永嘉之乱以后，战乱再起，中州名士大多趋避于江左或河西，使河西敦煌、酒泉、张掖一带私学最为鼎盛，而留居中原的儒士，因世道纷乱而拒绝应征入仕，隐居山林僻乡，聚徒讲学，这样就形成了三大学术流派：江左私学，

**149**

河洛私学和河西私学。

江左私学受到南渡的玄风影响，迁徙而来的中州名士带来的黄河文化，使学术文化有南北合流的倾向，学风不如河洛、河西两派精纯，而苟且安逸、沉湎于山水风情、恣情逸志、放荡无伦，私学风范虽称博雅淹通，但显然浮荡得多，经史文章只援为谈资、辅翼正理，从而形成了清谈博异的风尚。

河洛私学是留居于五胡诸国盘踞的中州，隐居不仕，潜心研究经术，以聚徒讲学为业的汉族儒士，秉承汉魏古学风范，往往潜思有得，在经学章句、训诂考订等方面多有突破两汉经学的地方，同时在北朝政权褒奖下，南北学风交流，而且受到玄风的侵袭，加之佛、道盛行，形成了河洛私学以擅长专经为立身之本，兼谈百家、佛道及神位方术、阴阳五行诸学的风格。

河西私学，由于两汉时期与西域交通频繁，在河西走廊一带中西文化合璧现象十分明显，魏晋南北朝时期，河西私学分为两大支脉，一是汉魏经学的师传，二是佛教学说的流布。西晋时期在凉州一带聚集了许多从中州迁徙而来的讲经授徒的经学大师，如敦煌宋纤，专治经纬之学，隐居酒泉南山，弟子3000多人。郭瑀游学张掖，得到略阴经学大师郭荷的真传，名显于世，在临松薤谷，凿石窟穴居，聚徒讲学，弟子千余人；著作弘富，有《春秋墨说》等传世。西晋永宁初（301），张轨出任凉州刺史，创办学校，进一步振兴了私学。永嘉乱后，避居于此的儒士如江琼带来了大量文献，太延五年（439），其六世孙江式将经史诸子文章千余卷献给北魏，聚此讲学的儒士众多。

这时私学的最明显特征还有教学内容多元化，天文、算学、医学、药物学等都纳入讲学的范畴，教学方法也有革新，考察和实证成为新的教学手段。此外还有妇女授徒的现象，符坚的太常官韦逞的母亲宋氏设立的讲堂，生徒120人，她隔绛纱幔讲学，号宣文君。南朝已有妇女被任为博士，如齐武帝博士韩蔺英，被尊称为"韩公"。

总之，魏晋南北时时期，私学流为三派并各自形成独特的学术风范，使学术文化在长期战乱中得以延续并有所创新，避免了中华文明史的断层。

# 新冠式出现

魏晋时代，众多的少数民族涌入中原，加强了各民族之间的联系，促进了民族融合，使这一时期的服装款式发生了较大的变化，其中表现之一是新的冠式出现。

东晋男侍俑

　　冠，是古代男子戴在头上用以束发的东西，《说文》称："冠，絭也，所以絭发，弁冕之总名也。"魏晋南北朝时代的冠式多继承秦汉冠式，如汉代的冕冠、长冠、通天冠、进贤冠、法冠、武冠、巧士冠、却敌冠、樊哙冠等，都在魏晋时继续沿用。只是有些冠式的形制略有变化而已，例如晋、齐时在通天冠前加金博山颜为饰，百官戴的进贤冠梁数增加到五梁，由皇帝到公卿大夫按等级区别递减。此外，在魏晋时代增加的新冠式有：

　　白纱帽，是南朝特有的一种帽式。它是以色彩命名的，形式不定。以白色命名的冠式还有白接䍦、白纶巾、白纱巾、白叠巾等，均为南朝士人所戴。据《隋书·礼仪制》载，宋齐之间，天子宴饮都戴白纱帽，士庶则多戴乌纱帽。

　　戴在平巾帻或帽之上的笼冠，通常为左右侍臣及诸将军武官所戴，且根据武官级别的高低加不同的冠饰。它有武冠、大冠、繁冠等不同名称，有人认为它为赵惠文所创，故又称"惠文冠"。

　　魏晋南北朝时战事频繁，人民厌战，祈求合欢团圆，过安定生活，因此出现了合欢帽。合欢帽顶为圆状，由两片面料合缝于中央的帽式，以"合欢"命名一则形容帽式，一则有祈求合欢的寓意。这种帽子与北方少数民族戴的"突骑帽"有相似之处，是受民族文化交融影响的产物。

　　魏武帝时开始流行一种叫"帢"的便帽。帢也作"䗁"、"䪏"、"帎"，有单、夹两种，以不同的色彩分出等级贵贱。白帢在后来被定为吊丧服，在一般场合是避忌的。

　　魏晋时代出现的新冠式主要有以上四种，都带有民族融合、异族文化影响的痕迹，是其时思想活跃富有创造力的一个佐证。一般说来冠的式样、质地都是因时而异、不断发展的。